清　史

戴逸　著

中国盲文出版社

图书在版编目（CIP）数据

清史：大字版/戴逸著. —北京：中国盲文出版社，2015.10

（中国大百科全书名家文库）

ISBN 978-7-5002-6392-0

Ⅰ. ①清…　Ⅱ. ①戴…　Ⅲ. ①中国历史—清代　Ⅳ. ①K249

中国版本图书馆CIP数据核字（2015）第243764号

清史

著　　者：戴　逸
责任编辑：贺世民
出版发行：中国盲文出版社
社　　址：北京市西城区太平街甲6号
邮政编码：100050
印　　刷：北京汇林印务有限公司
经　　销：新华书店
开　　本：787×1092　1/16
字　　数：123千字
印　　张：15.25
版　　次：2015年12月第1版　2017年5月第3次印刷
书　　号：ISBN 978-7-5002-6392-0/K·306
定　　价：28.00元
编辑热线：（010）83190266
销售服务热线：（010）83190297　83190289　83190292

目　录

清

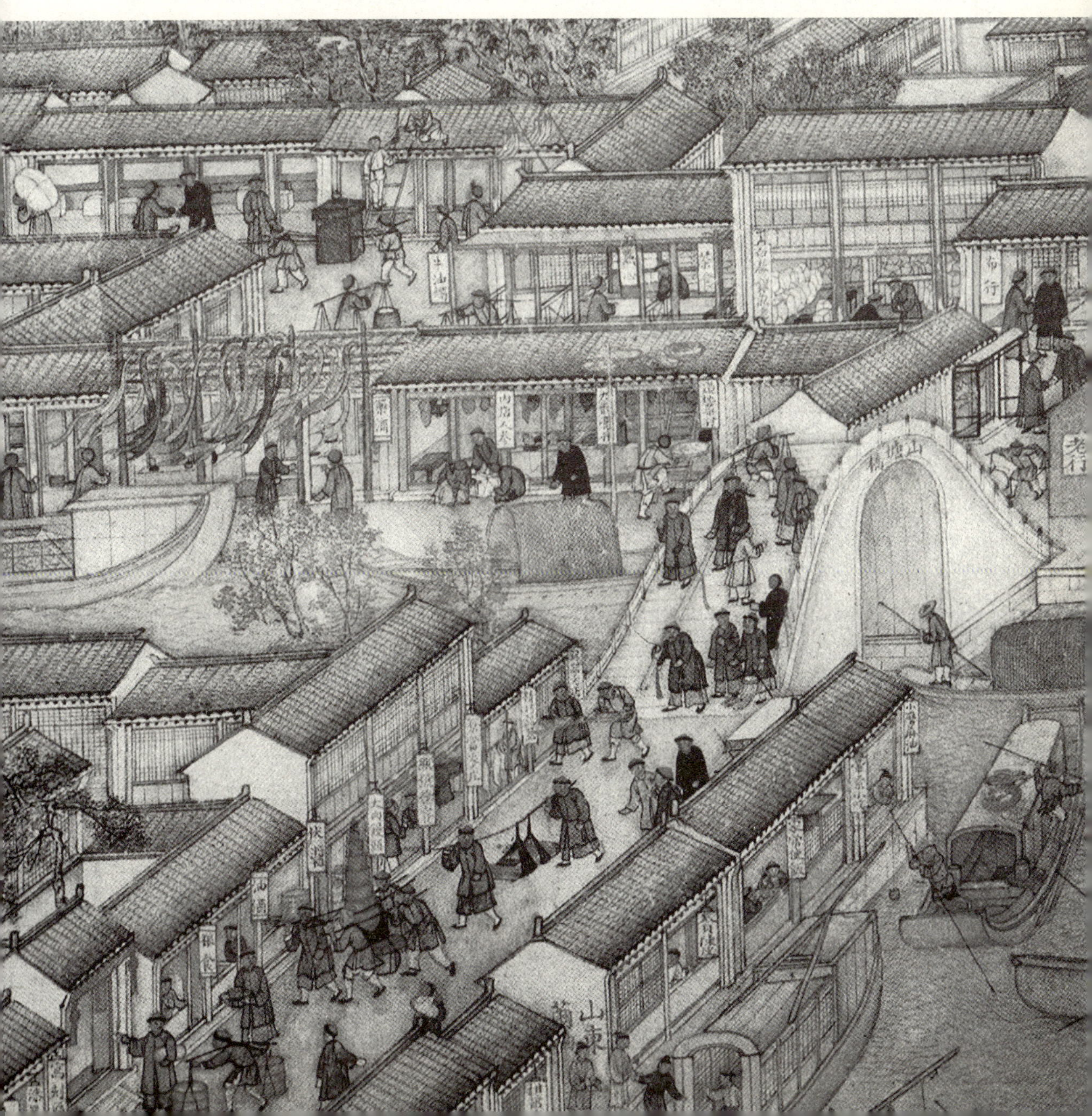

中国历史上最后一个封建王朝，由满族统治者建立。明万历四十四年（1616），努尔哈赤（即清太祖努尔哈赤）称汗，国号“大金”（史称后金），年号“天命”，建都于赫图阿拉（今辽宁新宾）。后迁都盛京（今沈阳）。明崇祯九年（1636）其子皇太极（即清太宗皇太极）改国号为“大清”。1644 年明朝覆亡，清军入关，迁都北京，经过长期战争，确立了对全国的统治。到康熙、雍正、乾隆时期，农业生产得到全面恢复和进一步发展，经济繁荣，社会稳定，国力鼎盛。乾隆以后，内外矛盾激化，反清起义频繁。道光二十年（1840）爆发了鸦片战争，外国资本主义武装入侵中国，强迫清政府签订了一系列不平等条约，从此，中国从独立的封建社会逐步沦为半殖民地半封建社会。清朝晚期，民族矛盾和阶级矛盾极为尖锐，帝国主义横行，战乱不断，经济凋敝，民不聊生，政府日益衰落腐败。但中国社会也生长起新的经济和新的阶级，西方的科学文化得到了传播。中国人民为了挽救危亡，进行了反帝反封建的旧民主主义革命，直至宣统三年（1911）发生了资产阶级领导的辛亥革命，推翻了清朝。翌年清帝被迫逊位。

努尔哈赤（1559～1626）

◇清太祖努尔哈赤像

大金（后金）开国君主，清朝奠基人。满族，爱新觉罗氏。庙号太祖。他凭“遗甲十三副”起兵，用三十多年的时间，统一了女真各部。明万历二十七年（1599），他命额尔德尼和噶盖两人，以蒙古文字母与女真语音创制满文。万历四十三年（1615），他在原有女真狩猎的“牛录”组织的基础上，建立八旗制度。天命十一年（1626）正月，努尔哈赤统率大军进攻宁远（今辽宁兴城），被宁远守将袁崇焕击败，损失惨重。这是努尔哈赤对明战争以来第一次遭受挫败，他返回沈阳后病死。

赫图阿拉

后金都城。又名兴京，满语“横岗”之意，即平顶小山岗。故址在今辽宁省新宾满族自治县永陵镇。明万历三十一年（1603），努尔哈赤始建城堡于此。天命六年（1621），始迁都至辽阳。天聪八年（1634），尊为兴京。现仅内、外城城墙有部分残存，城门遗迹尚清晰可辨。

从顺治元年（1644）清朝入关至1912年中华民国成立，清帝退位，清朝对全国统治二百六十八年。入关以前有两个皇帝，即清太祖（年号天命）和清太宗（年号天聪、崇德）；入关以后有十个皇帝，年号为：顺治、康熙、雍正、乾隆、嘉庆、道光、咸丰、同治、光绪、宣统。

满族的兴起、清朝对全国统治的确立

后金政权的建立

满族的先世一直居住在东北地区，和中原地区的关系密切。满族的祖先肃慎，曾向周武王朝贡。后肃慎改称挹娄、勿吉、靺鞨。靺鞨七部中的粟末靺鞨曾建立渤海国，受唐朝册封。公元 10 世纪后，靺鞨改称为女真。曾建立金朝，灭辽伐宋。明朝女真分建州女真、海西女真和野人女真三大部。满族出自建州女真，它的直系祖先居住在黑龙江流域北岸，后来逐渐向南迁移。明朝政府设立了建州卫和建州左卫、建州右卫（史称建州三卫）。清太祖努尔哈赤的六世祖猛哥帖木儿即是明成祖任命的建州卫都指挥使。

肃慎

中国古代东北地区最早见于记载的民族。传说舜、禹时代已与中原有联系。商、周时分布于黑龙江、乌苏里江流域和长白山一带。大体分布在今长白山以北，西至松嫩平原，北至黑龙江中下游的广大地域。以渔猎和狩猎生活为主。战国以后东北兴起的靺鞨、女真等民族，和肃慎有密切的渊源关系。

建州三卫

明代在东北地区建州女真聚居地设置的三个地方军事行政机构的合称。其首领受明政府册委，领奉诰印、受冠带袭衣；晋升官爵、更换敕书，迁徙住牧地区，都须呈报明政府批准；其军队听从明廷征调；各级首领每年都至京师（北京）朝贡。三卫还通过互市，以其马匹、人参、貂皮、松子等土特产换取内地的服饰、粮谷、铁锅以及耕牛、农具等。天顺八年（1464）明政府设抚顺关，专待建州三卫及依附于三卫的毛怜卫交易。三卫首领世代承袭，大体为父死子继。努尔哈赤于万历四十四年（1616）建立金（史称后金国），建州三卫至此结束。

《满文老档》中关于满族起源的传说称：布库里山麓有布勒和里湖，有三仙女浴于湖中，第三位仙女佛古伦吞食神鹊衔来的朱果，孕而生子，姓爱新觉罗，名布库里雍顺。这个神话明确记载在清朝的官书中，反映了东方原始民族只知有母、不知有父和崇尚鸟类图腾的习俗。布库里雍顺是满族传说中公认的始祖，布库里山旧说即长白山，但据《满文老档》所载，此山应在黑龙江以东，原江东六十四屯的东南，而那里正是满族直系祖先居住的地方。

南迁后的女真族经济发展很快，从渔猎转变为以农业生产为主。其时，建州女真分为苏克素浒、浑河、完颜、哲陈、栋鄂等部，居住在抚顺以东直至鸭绿江边；海西女真分为叶赫、哈达、乌拉、辉发等部，居住在开

叶赫

海西女真四部之一。叶赫先世姓土默特氏，本是蒙古族，后来灭掉扈伦那拉部，改姓那拉氏。明朝时，叶赫部长期称雄于海西女真。叶赫那拉氏族与爱新觉罗氏族之间为了满族的统治权长期争斗。明万历末年，努尔哈赤灭叶赫部。其后人在清朝多有显达。清初第一才子纳兰性德、明珠、穆占均系叶赫那拉之后，最著名的为

◇吉林四平叶赫古城遗址

慈禧太后，名叫叶赫那拉·兰儿。

原东北至松花江流域，此外还有长白部的纳殷、珠舍里、鸭绿以及东海部的窝集、库尔喀、虎尔哈等。各部分散，不相统属，互争雄长，明朝政府对它们采取分而治之的政策。

明万历十一年（1583）努尔哈赤以祖、父遗甲十三副起兵，开始了统一女真各部的事业。经过五年战争，统一了建州各部。他在羽翼尚未丰满的时候，对明朝十分恭顺，接受其所授官号，并多次亲自赴北京朝贡。此后，努尔哈赤又击败海西女真的哈达（1601）、辉发（1607）、乌拉（1613）、叶赫（1619）等四部，基本上统一了女真各部。在战争过程中，努尔哈赤创建了八旗制度。八旗是军政合一的组织，它把分散的女真族组织起来，进行生产和战争。努尔哈赤使子侄们分别担任各旗的旗主。又发展经济，促进贸易，订立行政和法制规条，选拔人才，创制文字，设立了议政王大臣会议制度。明万历四十四年，努尔哈赤在赫图阿拉称汗，建国号“大金”。

八旗制度

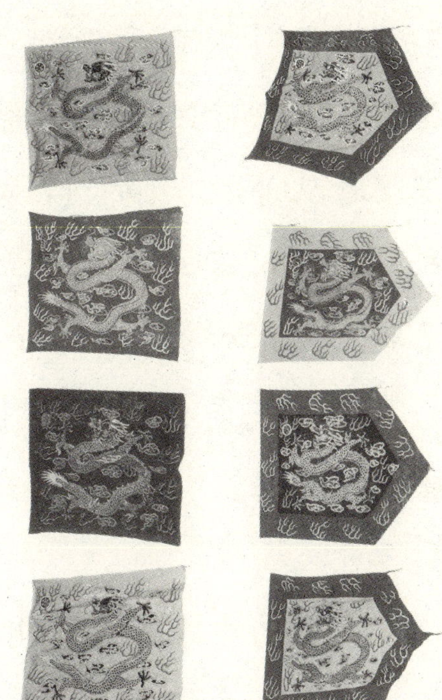
◇八旗

清代满族的社会组织形式。清太祖努尔哈赤起兵后建立黄、白、红、蓝四旗，称为正黄、正白、正红、正蓝，旗皆纯色；后在牛录制（满族的先世女真人以血缘和地缘为单位进行集体狩猎的组织形式）的基础上，增编镶黄、镶白、镶红、镶蓝四旗（镶，俗写亦作“厢”），创建了八旗制度。旗帜除四正色旗外，黄、白、蓝均镶以红，红镶以白。此时所编设的八旗，即满洲八旗。八旗组织中蒙古旗与汉军旗的建立比满洲旗稍晚。清崇德七年（1642）完成八旗组织三个部分二十四旗的组织建设，八旗每一旗下都包括满洲、蒙古、汉军三个部分。由皇帝控制的镶黄、正黄、正白三旗，称为上三旗；由诸王、贝勒统辖的正红、镶红、正蓝、镶蓝、镶白五旗，称为下五旗。上三旗较下五旗为崇，是皇帝的亲兵，担任禁卫皇宫等任务，下五旗驻守京师及各地。

八旗制度是以旗统人，凡隶于八旗者皆可以为兵，凡满洲成员皆隶于满洲八旗之下，全民皆兵。旗的组织具有军事、行政和生产等多方面职能。入关前，八旗兵丁平时从事生产劳动，战时荷戈从征，军械粮草自备。入关以后，建立了八旗常备兵制和兵饷制度，八旗兵成了职业兵。八旗制度从正式建立到 1911 年辛亥革命后清朝覆灭，共存在二百九十六年，是清王朝统治全国的重要军事支柱。

后金的建立威胁了明朝对辽东的统治。明万历四十七年（后金天命四年，1619），明军十余万人分兵四路征伐后金。后金以六万兵力于萨尔浒击破明军；明天启元年（1621），后金乘胜攻取沈阳，五年，迁都于此，后又席卷辽西大片地区。天启六年（后金天命十一年），后金军攻打宁远，遭到袁崇焕率领的明军的坚强阻击，后金军战败。努尔哈赤夺取全辽的计划受挫，这年八月因病去世。

议政王大臣会议

中国清代前期满族上层贵族参与处理国政的制度。形成于 1636 年，其成员由清王朝宗室贵族中的王与八旗固山额真、议政大臣组成。最初议政王大臣权力极大，皇位继承这样的重大决策都由议政王大臣会议决定，议政王大臣会议的决策皇帝不能更改。顺、康时期，议政王大臣会议权力开始缩小，雍正时设立军机处，议政王大臣会议名存实亡。乾隆五十六年（1791）正式取消该制度。

袁崇焕（1584～1630）

明朝军事统帅。字元素，广西藤县人。万历四十七年（1619）进士。初为福建邵武知县，后官至兵部尚书兼右副都御史。天启六年（1626）他率兵在宁远之战中大败努尔哈赤所率后金军。次年又击败皇太极的进攻，获宁锦大捷。崇祯二年（1629），皇太极率军进逼京师（今北京）。袁崇焕闻讯星夜驰援，统率诸路援军重创后金军于广渠门外。但崇祯帝听信谤言，中皇太极的反间计，以袁崇焕“私通”后金军罪，将其逮捕入狱。崇祯三年八月十六日被冤杀于北京。

◇袁崇焕像

满族社会状况

16世纪，辽东的女真族大体上处在奴隶社会晚期。随着经济文化的发展和努尔哈赤统一事业的进展，以建州女真为主的东北各族，融合和重新组织，逐步形成了新的满族共同体。满族已有较先进的农业，使用铁制农具和牛耕，粮食产量丰富。17世纪初，各地遍布使用奴隶耕作的农庄（托克索）。后金政权直接控制的屯田，则带有一定封建生产方式的因素。满族又以采集和畜牧作为农业经济的补充，如采参、养蜂、捞珠、捕鱼、狩猎、牧马。手工业也较发达，能制造武器和生产用具，有矿冶、纺织、煮盐、陶瓷、造船、铸币等。满族居住在明朝统治的辽沈地区附近，和汉人经常接触，通过朝贡和马市，与明朝进行频繁的贸易。

早期满族社会基本上由三部分人组成：①八旗的旗主、长官、将领，这是满族的上层统治者，占有许多“托克索”和奴隶。②阿哈，即奴隶，大多是战争中获得的俘虏和一部分破产沦落的民户。③珠申，即自由民，大多是原来建州女真的民户和主动归附的其他部族，被编为八旗战士，占有少量土地和奴婢。

马市

一种设在边境关口从事内地与边疆少数民族及外国的贸易的市场。亦称关市。关市由政府严格控制，定期定时开放，商人需持政府颁发的符传之类的许可证按规定品种数量进行交易。严禁从事违禁品的买卖，也不许输入禁物，违者罪重至死。擅自出边关走私的要处死。历代王朝，在边境平安无战事时，都在边关设市，与周边少数民族从事贸易，互通有无。

◇马市口位于河北省张家口市怀安县渡口堡乡的马石口村，自古为张家口通往晋北与蒙古的要道。因明代设马市而得名，清代有千总驻守。今仅存长城的黄土夯筑遗迹。

满族进入辽沈地区后，受先进的生产方式影响，其社会迅速向封建制过渡。后金天命六年实行“计丁授田”，将辽沈地区许多闲废的土地分配给满族士兵。后来，又参照满族原来的“托克索”和汉族在辽沈地区的民屯，实行“编庄”。许多汉族农民受编为壮丁，每庄壮丁十三人，牛七头、土地一百垧，其中八十垧的收获归壮丁自有，二十垧交公，这是奴隶制向封建制演进的重要标志。壮丁实际上是农奴，有自己微薄的经济，但受国家和农奴主的剥削和控制，仍无人身自由。

皇太极改制称帝

努尔哈赤死后，八旗并立，各有实力。其第八子皇太极势力最强，被拥立为汗，改元天聪。政权沿袭原来的原始军事民主制，由皇太极和其兄代善、阿敏、莽古尔泰四大贝勒共同主持军政大事。皇太极改易族名为满洲，并进行了一系列改革：

①集中权力。改变四大贝勒共主国政的体制，每旗设旗务大臣，与诸贝勒偕坐，共议国政。此后，又翦除或削弱了其他三大贝勒，形成南面独尊的局面。

◇清太宗爱新觉罗·皇太极(1592～1643)，后金第二代君主，大清创建者。努尔哈赤第八子。在位十七年。他对内大力推行封建化的改革，加强中央集权；对外相继征服了蒙古和朝鲜。

代善

清初宗室大臣。努尔哈赤次子。初封大贝勒，与阿敏、莽古尔泰、皇太极，并称四大贝勒。勇武善战，多有战功。在努尔哈赤诸子中，代善一系还是最显赫的一支。在他的八个儿子中，三人被封为亲王，二人被封为郡王，一人被封为贝子，一人被封为辅国公。在清朝世袭罔替的八大“铁帽子王”中，代善祖孙三

◇代善像

代就占了三个。

②建立和完善国家机构。后金政权原以八旗制度行使国家权力。皇太极在削弱旗主权力的同时，仿照明朝的中央集权制，建立和完善国家机构。设内三院，负责草拟诏令敕谕，颁布制度政策，参与国家机务，使之具有内阁的职能。又以吏、户、礼、兵、刑、工六部及都察院、理藩院为八衙门，形成了一套较完整的中央集权的国家机构，取代了八旗贝勒理政的局面。

③任用汉族官员、将领和知识分子。以高官厚禄招纳汉官汉将，并任以实权。实行开科取士，荐举贤才。从而增强了后金政权的实力，分化、削弱了明朝的力量。

④设立汉军八旗、蒙古八旗，编制和满洲八旗相同，直接听命于汗，扩大了兵源，增强了战斗力。

⑤重新编庄。满族占领辽沈地区，奴役汉民，引起反抗和大量逃亡。皇太极为了缓和矛盾，发展农业生产，将农庄重新编组。八名壮丁，编为一庄，“汉人分屯别居，编为民户”。又清丈土地，编审壮丁，严禁隐匿，使大量土地改为屯地，许多壮丁成为国家控制下的民户。这些措施促进了从奴隶制向封建制的转化。

⑥加强法制。制定各种法律，强调秉公执法，赏罚

严明。违犯法令，虽权贵亲族亦不宽纵。

满族在军事上节节胜利，经济逐渐繁荣，政治日益安定。皇太极地位日尊，遂于天聪十年（1636）在盛京称帝，改国号为“清”，改元崇德。

明清战争与清军入关

皇太极面对着三种力量，明朝、蒙古和朝鲜。即位之初，他表示愿与明朝议和，以争取时间。崇德元年，征服朝鲜，解除了后顾之忧。他又利用漠南蒙古的内部矛盾，采取“慑之以兵，怀之以德”的方针，拉拢蒙古各部封建主，集中力量打击其中力量最强的林丹汗，并于天聪六年完成了对漠南蒙古的统一。漠北喀尔喀蒙古亦臣属于清朝。皇太极还对黑龙江流域各部族进行招抚或征讨，统一了东北全境。清入关以前，统治所及“自东北海滨（鄂霍茨克海），迄西北海滨（贝加尔湖），其间使犬使鹿之邦，及产黑狐黑貂之地……厄鲁特部落，以至斡难河源，远迩诸国，在在臣服”。

喀尔喀蒙古

清代漠北蒙古族诸部的名称。初见于明代，以分布于喀尔喀河得名，清代辖地逐渐扩大，据有漠北地区

（即外蒙古），东接呼伦贝尔，西至阿尔泰山，南临大漠，北与俄罗斯接壤。1946 年 1 月，当时的中国政府承认外蒙古的独立。1992 年 2 月改名为“蒙古国”。

与此同时，皇太极采取奔袭骚扰的战略，数次越过长城，继续进攻明朝。后金天聪三年（明崇祯二年，1629）皇太极亲率大军，从喜峰口入关，围困北京；又施用反间计，借崇祯帝之手杀袁崇焕。八年，又绕道蒙古地区入长城，攻袭宣化、大同，大掠而归。崇德元年（1636），阿济格率军入居庸关，破京郊各城，军锋南至保定。三年，多尔衮、岳托等出兵从墙子岭、青山关毁边墙而入，长驱南下，明督师卢象昇战死于冀南，清军突入山东，攻破济南，俘获大量的人畜和金银。此外，还陆续攻破明朝在旅顺和皮岛的据点，彻底消除了背后的隐患。

阿济格

清初宗室亲王。努尔哈赤第十二子。剽悍少谋。初授台吉，后以军功授贝勒、武英郡王。后封和硕英亲王。地位仅次于四大贝勒。1644 年作为清军前锋随多尔衮入关。四月，与吴三桂在山海关破李自成农民军。又以靖远大将军自边外入陕西、四川，切断李自成后路，屡败李自成。多尔衮死后，他企图摄政，被削爵幽禁赐死。

这时，明朝的军事形势发生进一步变化。李自成、张献忠的农民起义军转战中原，声威日盛。明朝两面受敌，左支右绌。皇太极乘机在崇德五年至八年（明崇祯十三年至十六年）大举用兵，夺取了明朝重兵设防的锦州、宁远地区，扫除了进入山海关的障碍。

崇德八年，皇太极突然病逝，清政权在继承问题上发生纠纷。皇太极的长子豪格与努尔哈赤的第十四子多尔衮争立，经调和解决，由皇太极的第九子、年仅六岁的福临（即清世祖福临）即位，改元顺治，而以两个叔父多尔衮和济尔哈朗辅政。后来，多尔衮的权势日盛，称皇父摄政王。

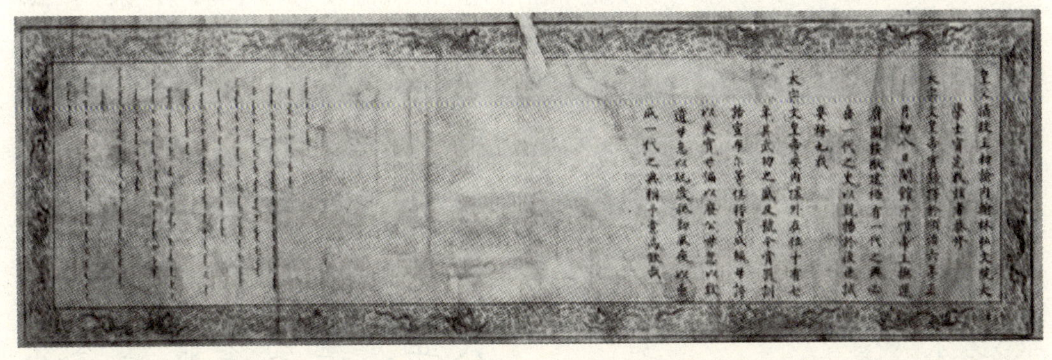

◇摄政王多尔衮敕谕

明崇祯十七年（清顺治元年，1644），李自成农民起义军攻入北京，推翻明朝，崇祯帝自缢。驻军山海关的吴三桂投降清朝，引清兵入关。四月，李自成率军至山海关，与吴三桂和清朝的联军战于一片石、石河等地，农民军战败。从此，形势急转直下，李自成匆忙撤出北京，退往陕西；撤离北京前夕，登基称帝，国号大顺。清军在多尔衮的率领下，打着为明朝复仇的旗号，长驱直入北京，取代了明王朝的统治。

◇多尔衮像

多尔衮（1612～1650）

清朝入关时的摄政王。努尔哈赤第十四子。明崇祯元年（后金天聪二年，1628），从皇太极征察哈尔（今内蒙古集宁至多伦一带）多罗特部，俘众万余。四年，在大凌河城（今辽宁锦县）之战中，勇胜明军祖大寿部。八年，率军降服察哈尔部。次年，晋封为和硕睿亲王。十一年授奉命大将军，统率左翼四旗兵入山海关，攻掠天津、济南等四十余城，俘众二十余万而归。十三至十五年，协助皇太极取得松山、锦州之战的胜利，歼灭明军十三万。十六年，皇太极死，其子福临年幼继位，多尔衮参与辅政。清顺治元年（1644）五月，他挥师入关，占领北京，十月被封为叔父摄政王。继而制定了先西取、后南攻的方略，遣军镇压李自成农民起义军，灭亡弘光、隆武等南明政权。同时，他加强中央集权，为清王朝实现对全国的统治奠定了基础。

济尔哈朗（1599～1655）

清初宗室。和硕庄亲王爱新觉罗·舒尔哈齐第六子。济尔哈朗自小就生活在努尔哈赤的宫中，由努尔哈赤加以抚养，所以他与努尔哈赤的儿子们关系很好。常年追随努尔哈赤南征北讨，因军功受封为和硕贝勒。是努尔哈赤时期共柄国政的八大和硕贝勒之一，也是皇太极时代四大亲王之一。是清朝历史上唯一一位受“叔王”封号的人。

清军又分兵两路，追击李自成。多铎攻潼关，阿济格由边外入陕北。大顺军屡战失利，李自成放弃西安，退入湖北，占领武昌。清军追至，李自成又撤出武昌。

顺治二年（1645）六月途经通山县九宫山，遭地主武装的袭击，李自成遇害，余部退至湖南。

当李自成的起义军攻入北京、推翻明朝的时候，张献忠的起义军进入四川，建元称帝，国号大西。清军击败李自成后，派豪格率兵入川。张献忠从成都北上迎敌。顺治四年（1647）正月驻军西充，遭到清军的突然攻击，张献忠牺牲。大西军余部转战南下，进入云南。

多铎（1614～1649）

清初军事将领。努尔哈赤第十五子。明崇祯十四年（1641），参与松锦大战，获大捷，生俘洪承畴，晋多罗郡王。清顺治元年（1644）随清军入山海关，在山海关之战中大败李自成大顺军，入北京，晋亲王。十月下河南、入陕西，镇压李自成农民军。顺治二年一月攻入潼关、西安；二月攻南明，钱谦益出降；四月陷扬州，杀史可法，制造“扬州十日”屠城；五月入南京，俘南明弘光帝朱由崧。顺治六年三月染天花而亡。

南明及各地的抗清斗争

明朝灭亡后，南方的官僚、地主拥立福王朱由崧于南京，年号弘光，建立了南明的第一个政权。弘光小朝廷内，马士英等把持朝政，排斥异己。史可法督师江北，但指挥不了军队。江北四镇高杰、黄得功、刘泽清、刘良佐横行于江淮，左良玉军盘踞长江中游，各拥兵自重。面临着清军南下的威胁，弘光帝沉湎酒色，官僚将领之间倾轧火并。四镇中兵力最强的高杰被许定国诱杀。左良玉因和马士英矛盾，以“清君侧”为名，率兵东下。这时，多铎率领清军渡过淮河，而防淮的刘泽清、刘良佐都被南调抵挡左良玉军。史可法困守扬州，少兵无援。顺治二年（1645），扬州失守，史可法被俘，不屈就义。清军渡长江，南明的官吏将领纷纷投降，南京失守，弘光帝逃走，后被捕杀。

史可法（1602～1645）

明末清初抗清名将。字宪之，号道鄰。河南祥符（今河南开封）人。崇祯元年（1628）进士。崇祯年间因功升至南京兵部尚书，参赞机务。北京城破后，马士英等拥立福王于南京，授史可法礼部尚书兼东阁大学士。时

◇史可法像

议设江北四镇，以可法为兵部尚书，督师扬州。清军南下，史可法至扬州阻遏清兵。清军屡次招降，皆不允。城破被俘，拒不投降，被杀于军前。次年，他的养子史德威奉史可法衣冠葬于扬州天宁门外的梅花岭。由于未得遗骸，因此有流言说史可法未死。其后数年，安徽、浙江先后有多起“假可法名号”起兵反清。清乾隆中，追谥忠正。遗著由玄孙开纯集为《史忠正公集》。

弘光政权覆亡，钱肃乐、张国维等拥鲁王朱以海，监国于绍兴；黄道周、郑芝龙等拥唐王朱聿键，称帝于福州，建元隆武。这两个政权内部矛盾严重，兵骄将悍。顺治三年（1646），清军渡钱塘江，破绍兴，鲁王逃往舟山。同时，清军分兵越仙霞岭，郑芝龙降清，隆武帝逃到汀州遇害。清军略定浙闽，进入广东，又击溃了刚刚由唐王朱聿镈建立起来的绍武政权。当时，丁魁楚、瞿式耜等拥立桂王朱由榔，称帝肇庆，年号永历。闻清军来袭，逃往广西，颠沛流离，处境极为险恶。

圈地令

清朝入关后满洲贵族为掠夺土地而颁布的命令。顺治元年（1644）颁布，康熙二十四年（1685）废止。清朝入都北京后，为解决八旗官兵生计，决定强占北京附近的土地，遂下圈地之令。规定近京各州县汉人无主荒地全部予以圈占，分给东来诸王兵丁人等。清初大规模地圈地，使农民失去土地，流离失所，生活悲惨。

清军入关后，发布圈地令，严定逃人法，强迫汉人薙发易服（见剃发令），激化了民族矛盾，抗清斗争如火如荼地开展起来。如阎应元等保卫江阴；黄淳耀、侯峒曾等坚守嘉定；陈子龙、夏允彝等起兵松江；赤脚张三等渔民活跃于太湖周围；金声、江天一等战斗于皖南；鄂皖边界的英霍蕲黄，山寨林立；浙江四明山区的抗清军声威远播；江西的棚民、矿工袭击各州县；福建的义军围困福州；山东榆园军长期坚持战斗；山西吕梁山军

◇“扬州十日”。扬州陷落后，明军残部与城中百姓继续与清兵巷战，清统治者痛恨扬州军民的拼死抵抗，妄图杀一儆百，下令屠城，大杀十天，几十万百姓惨遭屠杀，繁华的扬州城成了一片废墟，这就是历史上的“扬州十日”。

曾攻占数十州县；甘肃回民丁国栋、米喇印控制甘肃；还有郑成功、张煌言等出没于海上；刘体纯、郝摇旗、李来亨等十三家结寨于夔东。许多降将降官也倒戈反清。如金声桓起兵于南昌，李成栋起兵于广州，姜瓖起兵于大同。

逃人法

清朝为严禁八旗奴仆逃亡和其他八旗人员逃旗而颁布的法令。清入关前，就已陆续制定惩处逃人的法令。后经完善，有对逃亡者的处罚规定，还有关于惩罚窝主、奖励检举、奖惩有关官吏和办事人员等的规定。康熙中期后，随着形势的变化，渐次更订，放宽惩罚。

◇清代街头剃发

剃发令

清初强迫汉人仿照满人习惯剃发的法令。顺治元年（1644）颁布。清在关外时，汉族及其他各族人民投降归顺或被掳去的，都要以剃发作为标志。顺治元年五月多尔衮进入北京后，即宣布京城内外军民人等尽行剃发以示归顺，但遭到北京人民的强烈反对，不久被迫停止。二年五月清兵进入南京，弘光政权灭亡，清廷于六月再次颁布剃发令。规定京城内外以十日为限，各省地方在接到命令后也以此为限，所有文武官民都要剃发，衣冠服饰也要遵从清制，违抗者杀无赦。剃发令的颁布及强制执行加剧了清初的民族矛盾。

在这种形势下，南明永历政权先和大顺军合作，得以在西南立足。后因内部兵将不和，永历政权及大顺军的军事实力被清军消灭。这时，张献忠的大西军余部由孙可望、李定国率领，已据有云南全境。永历政权又与其联合抗清。顺治九年（1652）李定国出兵抗清，经贵州、湖南，攻桂林，清定南王孔有德战败自杀；接着又在衡州杀清军统帅敬谨亲王尼堪，两蹶名王，声威大振。但大西军内部矛盾日增，

◇郑成功（1624～1662），明清之际抗清名将，民族英雄。本名森，字名俨，号大木。福建泉州府南安县（今福建南安东）人。

孙可望妒忌李定国功高势大，阴谋杀李。李定国避往广东，希望与郑成功会师，收复广州，但战斗失利，实力大损。他撤到贵州，接走了被孙可望劫持的永历帝，回师云南。孙可望率军征讨李定国，大西军内部同室操戈。孙兵力虽众，但骄横妒功，军心不附，阵前倒戈，败逃降清。清军乘大西军内讧之际，挥师西进，占贵州，入云南。李定国迎战失利，撤出昆明，永历帝逃往缅甸。康熙元年（1662）吴三桂率军入缅，俘杀永历帝，李定国则转战云南边境，同年病死。

和李定国同时坚持抗清的还有郑成功。他的父亲郑芝龙降清，而他奉南明永历帝年号，以厦门为据点，转战于福建、广东、浙江沿海。顺治十六年，郑成功与张煌言合作，出动水师，深入长江，克瓜州、镇江、芜湖各州县，围攻南京，苏皖震动。后来中了清军的缓兵计，顿兵坚城之下，遭到清军的突然反击，郑军战败，退回福建。顺治十八年，郑成功为建立持久的抗清基地，率军攻打为荷兰占据的中国领土台湾，康熙元年荷

◇福建厦门鼓浪屿郑成功纪念馆油画《郑荷台海激战》

兰军力竭投降。郑成功收复台湾后，不久病死。

清初的统治政策及措施

清朝入关时，采取了一些野蛮的掠夺政策。如在京畿大规模圈占土地，分配给满族的王公、官僚和将士。在直隶圈地遍及七十余州县，总数估计接近两千万亩。官庄旗地，由奴仆、壮丁耕作，这些下层劳动者承担着苛重的剥削，遭受非人的待遇，逃亡者甚多。清朝政府重申逃人法，严厉处罚逃人及隐匿的窝主，使各阶层惴惴不安。在政治上，清朝“首崇满洲”，强迫汉族按照满俗薙发易服，以表示对新朝的忠顺，违者处死。虽经汉族强烈反抗，清廷坚持这一政策，毫不退让。为了防止占人口很少数的满族被汉族同化，严立满汉界限，不许满汉通婚，在满族中努力保持骑射、满语及其他习俗。还保障满族的特权，王公亲贵，按爵职领取银米，待遇优厚，一般正身旗人也有少量俸饷。刑法方面，满

◇清代皇族妇女

汉之间、各个等级之间量刑标准亦不同。许多汉人虽在政府中任官，但实权掌握在满族官员手中。清廷特别对汉族乡绅和知识分子严加控制防范，利用种种机会打击各地士绅。江浙发生的通海案（与郑成功相通）、科场案（科举考试中舞弊）、奏销案（欠交钱粮）、文字狱（如庄廷鑨明史案），诛杀流放许多乡绅士子，打击和削弱了明末地方地主阶级的势力和特权。为了防止郑成功从海上进攻，又颁布迁海令，从江苏到广东的漫长海岸线上，沿海五十里内居民，均迫令迁移，不准商船渔船出海，使许多人破家失业。

清初为适应新占领区的形势，不断调整各种措施，政策也有其开明和进步的一面。入关伊始，即取消明末苛重的“三饷”（辽饷、剿饷、练饷），奖励垦荒，招集流亡，减轻赋役，使农业生产有所恢复，耕地和人口数字逐渐回升。在政治上，打着为明朝复仇的旗号，礼葬崇祯帝，收罗人心。招降明朝的文官武将，委以职任，发挥他们的才能。在清初建立全国统治中，汉军旗起了重要的作用。他们名属旗籍，实为汉人，掌握兵力，具有知识，了解内地的民情风俗。依靠他们，才能征服更多的地方，确立牢固的统治。所以，清初的地方督抚中汉军占十之七，满族占十之三。为了笼络知识界，又开科取士，为他们开辟入仕做官的途径；尊重汉族大部分原有的制度和习俗，崇尚孔子和儒家文化。清朝政权，虽属满族当权，却逐渐形成满汉地主阶级的联合专政。顺治四年（1647）以后，停止了大规模圈地，更后，又放宽了逃人法，减少了社会的不安定因素。清朝上层内虽存在着严重的矛盾，却能用温和的手段，解决分歧，避免了公开分裂和剧烈动荡。顺治即位和多尔衮摄政就是满族上层统治者内部矛盾调和的结果。顺治帝对多尔衮怀着仇怨，故多尔衮死后被贬，但各种政策仍沿袭未变。

顺治十八年（1661）顺治帝逝世，其子年仅八岁的玄烨（即清圣祖玄烨）即位，由索尼、苏克萨哈、遏必隆、鳌拜四大臣辅政。鳌拜掌握实权，思想趋于保守，企图恢复满族的祖制旧章，又专横跋扈，擅自杀戮大臣。玄烨不甘当傀儡皇帝，康熙八年（1669），计擒鳌拜，夺回权力。

清圣祖玄烨（1654～1722）

清入关后第二代皇帝。顺治帝福临第三子。年号康熙。十四岁亲政，在位六十一年。先后平定“三藩”，统一台湾，并粉碎了西北厄鲁特蒙古准噶尔部上层分子的分裂阴谋，基本上实现了国家的统一。玄烨十分注意恢

◇清圣祖玄烨像

复和发展生产，与民休养生息，他下令停止清初圈地弊政，修订垦荒定例，实行“更名田”，减轻了农民负担。他重视对黄河的治理，将“三藩”、河务、漕运列为三大要务。对汉族官吏、名士及一般士子，分别采取不同措施，罗致了封建统治所需要的人才，但清代严酷的文字狱也是从康熙朝开始的。此外，他在位期间有力地抗击了沙俄的侵略，并设置驿站，制定巡边制度，保障了东北边境的安宁。康熙帝好学敏求，勤于政务，注重实务，宽于御下，宫中用度也力崇俭约，他在位期间，生产发展，阶级矛盾得以缓和，人口迅速增长。

康熙帝（即玄烨）面临的首要问题是三藩割据。平西王吴三桂、定南王尚可喜、靖南王耿精忠，占有云南、贵州、广东、广西、福建等广大地区，兵多财足，朝廷号令不行。康熙十二年（1673），康熙帝毅然下撤藩之令，削去他们的权力，收回他们盘踞的地盘。吴三桂、耿精忠和尚可喜的儿子尚之信悍然发动叛乱。经八年战争，康熙二十年，平定了三藩叛乱。

◇鳌拜（？～1669），清初权臣。瓜尔佳氏，满洲镶黄旗人，卫齐第三子。以勇闻名，曾被皇太极赐号巴图鲁（满语勇士）。后屡立战功并几经起落，曾权倾一时。

这时，郑成功已死，其子郑经统治台湾，内部矛盾发展，内讧不息。自从南明灭亡后，郑氏集团失去了政治方向，一度曾与三藩中的耿精忠合，后又发生矛盾。郑经死后，诸子争立，郑克塽继位，力量已大大削弱。清政府在平定三藩之后，决定收复台湾，任用姚启圣、施琅等练兵造船，积极准备。康熙二十二年施琅统率舟师出海，先攻澎湖，击败郑氏军的反抗，兵至台湾。郑氏集团的防御瓦解，郑克塽出降，台湾遂统一于清朝中央政权之下。

三藩

指清初吴三桂、耿精忠、尚可喜三支割据势力所辖藩镇。吴三桂、尚可喜、耿仲明原都是明朝将领，清兵入关前先后降清。清廷封吴三桂为平西王，留镇云南；封尚可喜为平南王，留镇广东；封耿仲明为靖南王，其子耿继茂袭封，留镇福建，继茂卒，其子耿精忠袭封。三藩各拥重兵，久据数省，势力几及全国之半。吴三桂镇云贵，自恃势重，日益骄纵，并日练兵马，暗存硝磺等禁物，通使达赖喇嘛，互市茶马，遍布私人耳目于水陆要冲、朝堂内外。耿精忠袭封王爵后，纵令属下夺农商之业，横征暴敛，心怀异志。尚可喜在广东令其部属私充盐商，又私市私税。其子尚之信桀骜横暴，官民怨恨。三藩势成割据，严重威胁着清朝的统治和国家的统一。康熙帝遂行撤藩，三藩叛乱。自康熙十二年（1673）十一月二十一吴三桂起兵反清，至康熙二十年（1681）十月二十九吴世璠（吴三桂之孙，继其位）自杀，清军进入昆明，三藩之乱历时八年。

◇吴三桂（1612～1678），字长白。扬州高邮（今属江苏）人。

康雍乾时期的经济、政治、民族及对外关系

经济的恢复和发展

明清之际，经过长期战乱，经济残破，土地荒废，人口锐减。清朝确立全国统治之后，采取各种措施使经济得到了恢复和发展。

农业和水利

在农业方面，清廷奖励垦荒，招集流民授以土地，资助农具种子，延长垦荒升科的年限，并以垦地多少衡量地方官的治绩。故中原无地的人民纷纷向地广人稀的四川、云贵、台湾、新疆、东北、内蒙古流动。全国耕地面积增加，顺治中只有五亿多亩，乾隆时达到七亿多亩。康熙八年（1669），实行更名田，将明朝王公勋戚、官僚地主占有的大批土地给予原耕之人，永为世业，刺激了农民的生产积极性。又减轻赋税，除遇水旱灾荒豁免和减收外，多次普免全国钱粮，减轻人民的负担。在水利方面，投入大量财力物力治理黄河、淮河、运河、

长江、钱塘江、永定河，努力减轻水灾，保护人民的生命财产，提高农业产量，保持运输畅通。重要的水利工程有以束水攻沙的方式治理黄淮、修固荆江大堤、修筑江浙海塘工程等。农业生产方面，在传统农业技术的基础上，对耕作方法、灌溉、施肥、选种均有某些改进。北方试行区田法种植水稻、南方种植双季稻，也获得一些成效。特别在各地推广高产作物番薯、玉米，对于提高产量防止灾荒，供应口粮，保障人民生活具有重大作用。经济作物方面，棉花种植甚盛，长江三角洲和东南沿海是著名的产棉区。江浙、广东种桑养蚕，获利甚厚。此外，茶叶、烟草、甘蔗、苎麻、蓼蓝等作物生产也很繁盛。

更名田

亦称更名地。原是明朝的“藩封之产”，散布于直隶（今河北）、山东、山西、河南、湖北、湖南、陕西、甘肃等省，总数约近二十万顷。清初，原明朝“藩封之产”或因战乱荒芜，或因藩王勋戚逃亡后为农民所占，或为当地豪强侵占，或被圈占为旗地。清朝统治者从顺治元年（1644）起曾几次下诏，将这些土地收归国家所有。康熙八年（1669），清廷将土地无偿给予原种之人，令其耕种，照常征粮。这些“改入民名”的田土，因为承种者“止更姓名，无庸过割”，故“谓之更名地”。更名田的好处实际上多为地主豪强所取得。

区田法

西汉后期在甽种法和代田法基础上发展起来的一种园田化的集约耕作方法。适用于北方旱作地区。最早载于汉成帝时的《氾胜之书》。区田法的特点是在小面积土地上集中使用人力物力，精耕细作，防旱保收，求得单位面积的高额丰产。区田法不仅适用于平地和熟田，也可施之于坡地和荒地，有利于扩大土地利用范围。区田法可大大提高粮食的亩产量，但由于这种耕作方法技术要求高，又须耗费大量的人力物力，因此在汉代及以后的封建社会各个时期中，只作为小面积丰产试验的特例而存在，并没有也不可能在很大的范围内普遍推广。

手工业和抑商政策

手工业也逐渐恢复并有所发展，生产工具有某些改进，织丝机具比较复杂精巧，采矿工具、地质方面的知识亦有进步，但仍是手工劳动，不是机器生产，没有摆脱对自然能源（人力、畜力、水力、风力）的依赖。

最重要的手工业是纺织业，包括棉纺织业、丝织业及相关的染踹业。棉纺织业处在家庭副业和小商品生产阶段，但包买商相当活跃，掌握着棉花原料的收购和纱布产品的运销，棉纺织手工业者处在商业资本的控制之下。布匹的踹光染色也有发展，苏州一地即有染坊、踹坊数百家，踹匠多至一万余人。丝织业较为集中的南京、苏州、杭州等地，“机户出资经营，机匠计工受值”。最大的机户拥有织机四五百张，规模可观。矿冶业中，云南铜矿的规模最大，资本雄厚，工人众多，组织严密，采炼技术达到相当水平，全省铜产量最高时（乾隆中叶）达一千数百万斤，但在官府的严密控制下，发展速度十分缓慢。采铁、冶铁，既供军需，亦供民用，清廷的控制也很严格，官府资金虽未渗入铁矿业，一般均由商民申请开采，但开采、冶炼、招工、设炉、运销均须报官批准、发给执照。广东佛山是冶铁中心，佣工数万；汉口铁业亦盛，有铁匠五千余人。煤炭为民用必需，各地小煤窑很多，但清廷对采矿的总政策长期摇摆，金铜煤铁利益甚薄，

◇清景德镇五彩龙凤纹瓷笔盒

为官方民间之必需，不能禁绝，但又害怕聚集大批矿工，反抗闹事，故矿场时而被禁、时而准开。制瓷是重要的传统手工业，景德镇瓷业最发达，内部分工很细密，工艺精致，在色彩、厚度、形制、上釉方面达到了很高的水平。此外，熬盐、伐木、制烟、榨糖、造纸等手工行业均有相当的发展。

清代手工业很繁荣，无论生产规模、雇工数量、分工细密、技术水平、产品质量方面，都达到了中国封建社会历史上的最高水平，并出现了资本主义的萌芽。但是，较先进的经济因素集中在长江、珠江下游和某些地区、某些行业内。广大的腹地、山区、边疆，经济文化很落后。整个中国，农业和小手工业相结合的自给自足的自然经济占主要地位，封建经济远没有解体。中国和当时先进的西欧国家相比，存在着很大差距。

清政府把工商视为末业，执行“抑商”政策。对于那些有大利可图及有关国计军需的手工行业，政府插手干预，指定官商，实行垄断。对于其他手工行业，允许商民经营，但控制亦严，且高额征税，低价收购，无偿摊派。手工业中还普遍存在着有浓厚的地域性、排他性的行会组织，这些都妨碍手工业的自由发展。

大城市的出现

在农业、手工业和商业发展的基础上，许多大城市得以繁荣。北京是全国的首都和政治文化中心，仕商群集，各地商货荟萃，传统的手工艺产品有景泰蓝、雕漆、玉器等，前门外是繁华的商业区。

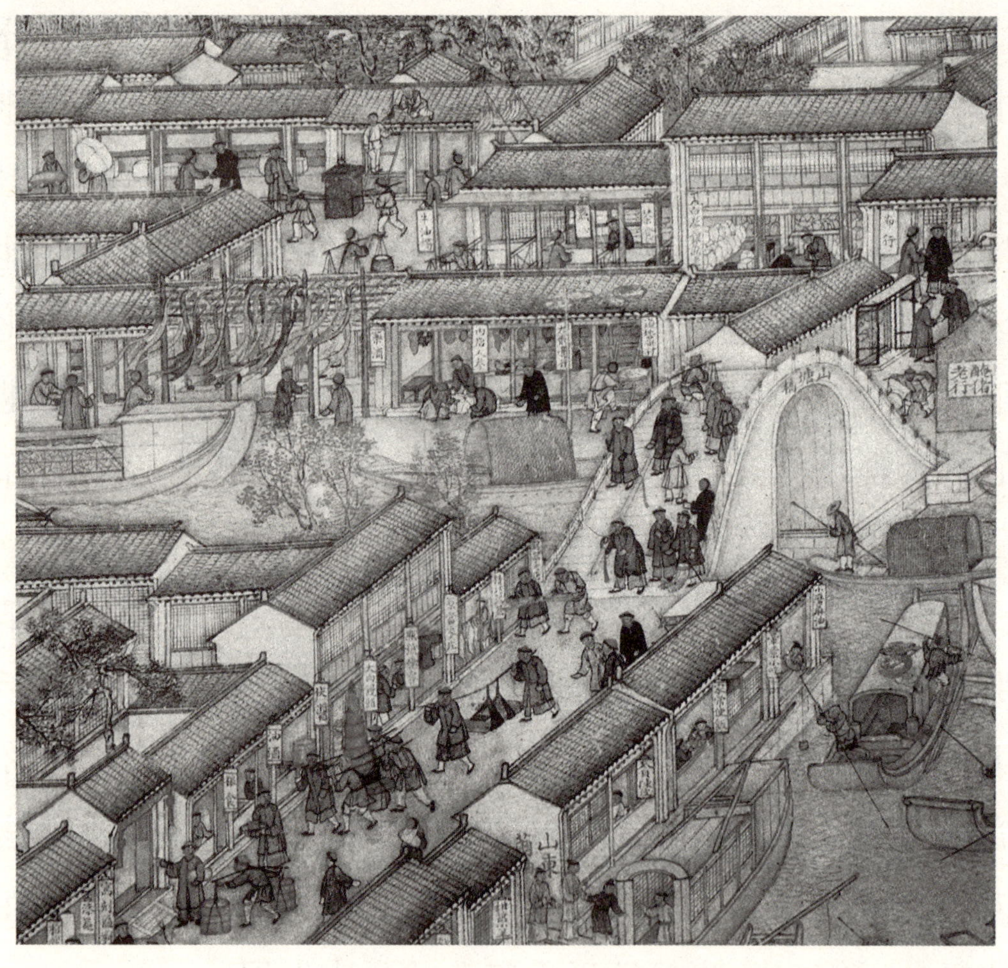

◇清徐扬《盛世滋生图》(局部)。此图描绘了清中期苏州山塘街一带的商业活动。

北京城在明朝修建的基础上，屡加修葺，形成了西郊园林区，有三山五园（畅春园、圆明园、万寿山清漪园、玉泉山静明园、香山静宜园）。宫殿坛庙、街道河流亦经大力改建修浚，形成了近代的北京城。

扬州位于长江北岸，濒临运河，是淮盐的集散地，经济发达，财货殷富，多富商大贾。南京、苏州、杭州都是丝绸、布匹及其他手工业品的产地，产品远销各地，城内商铺林立，作坊星布，附近土地肥沃，富农桑鱼米之利；且文化发达，风景优美，苏州有园林之趣，杭州有自然之胜。广州是对外贸易的口岸，是封闭的封建中国通向世界的主要窗口。每年来往的商船很多，进出口商品聚散于此，号称“金山珠海，天子南库”。此外，景德镇的制瓷，佛山镇的冶铁，盛泽镇的缫丝，产品精良，远近驰名。汉口居长江中游，四通八达，为米谷、木材、食盐、药材和各种货物的集散地。除了这些繁荣的大城市以外，广大农村有许多小城镇以及定期集散的墟场、市集、庙会，形成广阔的商业网，是农民群众和行商坐贾进行交易的场所。

赋役制度的改革

清初经济的发展，与赋役制度的改革密切相关。清朝建立后，即逐步着手整顿混乱的赋役制度。顺治和康熙时，编定《赋役全书》，以明万历年间的赋役额为准，取消苛捐杂税，归并税收名目。又颁发“易知由单”、“串票”，简化征收手续，改进纳税制度。但由于传统的赋役制度是按土地数量和人丁数目两个标准征收，分别为“地银”、“丁银”，全国土地数目已难确知，人丁则死亡增殖，隐匿流动，变动频繁，无法统计。随着生产的恢复和发展，国库有了盈余，清政府考虑不再增收人丁税。康熙五十一年（1712），宣布滋生人丁永不加赋，将丁税总额固定下来，不再随人口的增加而增收，稳定了全国的丁税负担。为了进一步解决赋役混乱和负担不均，又于雍正元年（1723）制定“摊丁入地”政策，在各省陆续推广实行。此项政策将丁银平均分摊于地亩之内，不再按人丁和地亩双重标准收税，变成了单一的土地税。这是一项意义重大的改革，从此废除了中国历史上长期存在的人头税，简化了收税标准和手续，有利于丁多地少的贫苦农民。农民的人身依附关系也有所削弱。雍正时还进行了其他改革，如耗羡归公，“耗羡”是为了补偿征收银米的亏损，于正税之外增收的附加税。各级官吏往往借此谋利，任意加征，名目繁多，流弊极大。清廷将“耗羡”改为正税，数额固定，由国家统一征收。此项收入即发给官吏作为养廉银和办公用费，以提高官吏的微薄官俸，对改善吏治起了一些积极作用。此外，雍正时，又将各地“贱民”，如晋陕的“乐户”、浙江的“惰民”、江苏的“丐户”、安徽的“世仆”、广东的蜑户开豁为良，编为民籍，废除了残存的奴隶制。

摊丁入地

中国清代赋役制度。即将丁赋以定额摊入地亩，与田赋合并征收。又称“地丁合一”。“摊丁入地”具有一定的积极意义：取消了沿袭几千年的人头税，在一定程度上解除了农民的人身束缚，促进了农业生产的发展；简化了税制，节省了征收费用；增加了财政收入，充裕了国库。据统计，自康熙帝推行摊丁入地制以后，到乾隆末年的五十余年，政府贮存库银有七千万两，相当于改革前丁银三百三十五万两的二十倍。摊丁入地的局限性在于，它不可能真正长期减轻农民的负担。

政治制度的设立与完善

清朝政权实行以满族贵族为主体的满、蒙、汉封建阶级的联合专政，是专制主义中央集权制度的高度发展形态。

政权机构

政权组织沿袭明朝制度，专制皇帝君临全国，主宰一切，他的意志就是国家法律。清代中枢权力机关和明朝有所不同，明代的权力在内阁，清代内阁虽地位尊崇，而权力较小。最初，军政大权操于议政王大臣会议，日常庶政归内阁。康熙时，皇权加强，南书房协助皇帝，参与机务。雍正时，创设军机处，其为有清一代处理政务的最高权力机关，负责决策发令，撰述谕旨，综理军国大计。军机处不是独立的正式衙门，而是皇帝身边的办事机构，无官署、无定员，军机大臣均为兼职，由皇帝特简。其他中央机关和明代相同，有吏、户、礼、兵、刑、工六部，执行政令，综理事务，设尚书、侍郎，满汉并用。都察院为监察机关，设御史、给事中等官。新增的理藩院管理少数民族和某些对外事务，只任用满族和蒙族官吏。另有机构庞大的内务府，照料皇室的生活和财产，管理宫廷太监、匠役。

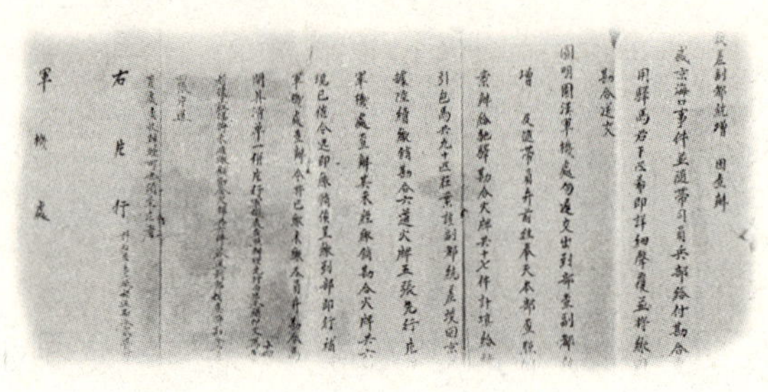

◇清咸丰时期军机处奏本

地方行政机构，大体分省、府、县三级，总督、巡抚为省级最高长官，布政使（藩司）、按察使（臬司）分掌全省民政、财政、刑法。还分设道员，作为辅佐。府设知府，统辖数县，承上启下。县设知县，为基层“亲民之官”，掌管全县政务、赋役、户籍、缉捕、诉讼、文教。少数民族地区，根据各地情况，设立不同的地方军政机构。

南书房

清代内廷机构。坐落于紫禁城内月华门之南，旧为康熙帝读书处。康熙十六年（1677）始设。翰林入值南书房，初为文学侍从，常侍皇帝左右，备顾问、论经史、谈诗文。皇帝每外出巡幸亦随扈。皇帝即兴作诗、发表议论等皆记注。进而常代皇帝撰拟诏令、谕旨，参与机务。因接近皇帝，对于皇帝的决策，特别是大臣的升黜有一定影响力。故入值者位虽不显而备受敬重。雍正朝成立军机处后，撰拟谕旨为军机大臣等专职，南书房不再参与政务。

军机处

清代始为秉承皇帝意旨办理军机事务，后扩及所有机要政事的中枢机构。始于雍正七年（1729），因西北两路用兵初设“军机房”。十年改为军机处。十三年八月清世宗胤禛去世，清高宗弘历继位，守丧期间，将军机处改名总理事务处。乾隆二年（1737），高宗恢复军机处名称，自此遂成定制，直至宣统三年（1911）四月初十清廷宣布成立“责任内阁”时废止。军机处的职能主要是：掌书谕旨，参赞军国机务，参议重要政务及刑狱；用兵时则考其山川道里、兵马钱粮之数，以备顾问；文武官员的简放、换防、引见、记名、赐与，以及拟定对外藩朝觐者的颁赐等。军机处无正式衙署，其办公处所设于内廷隆宗门内，称为值房，无专职官员，全部工作由军机大臣主持，设军机章京办理一切事务。

巡抚

明清地方军政大员之一。亦名抚台。以“巡行天下，抚军按民”而名。明始设巡抚，起初并非专设之官，宣德五年（1430）后各省常设巡抚官并渐成制度。清因明制，在各省设置巡抚，计有山东、山西、河南、江苏、安徽、江西、浙江、湖北、湖南、陕西、新疆、广东、广西、云南、贵州各一人。其以总督兼者，有直隶、甘肃、福建、四川各一人。清代巡抚之官级一般为从二品

(兼都察院右副都御使，从二品；加兵部侍郎衔，正二品)，俱兼兵部侍郎及副都御史衔，是一省最高军政长官，具有处理全省民政、司法、监察及指挥军事之大权。省内自布政使、按察使以下，均为其属官。

总督

明清地方军政大员之一。一名总制。明朝始设。在清代总督为地方最高级之长官，总管一省或二三省，位在巡抚之上，秩为正二品（若加尚书衔者为从一品）。清初总督额数及辖区并不固定，乾隆以后成为定制，全国设有八个总督官缺，即直隶总督、两江总督、陕甘总督、闽浙总督、两湖总督（即湖广总督）、两广总督、四川总督、云贵总督。总督一般均带兵部侍郎（或尚书）、右都御史衔，其职掌综理军民事务、统辖文武、考核官吏，为一方军民高级长官，世称封疆大吏。另有漕运及东河、南河总督三员，负责漕运及河工事宜。

军队

清朝军队，以八旗兵为主体。八旗分为禁旅和驻防两类，禁旅八旗驻在北京，保卫皇室，驻防八旗分驻各

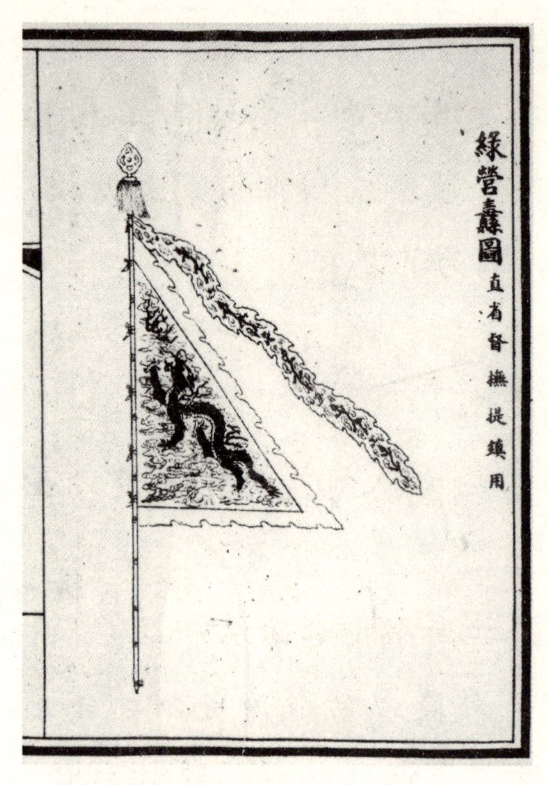

◇绿营纛图

地。遇有战事，从禁旅和驻防兵中调遣出征。八旗兵额共二十二万人。清初，八旗兵战斗力很强，待遇亦较优厚，但后来渐染城市习气，不习武事，逐渐丧失了战斗力。清朝入关，招降了大批明朝军队，以绿旗为标帜，以营为建制单位，称为绿营。绿营分驻各地，有马兵、战兵、守兵、水师等区别，共六十余万人，设提督、总兵、副将、参将、游击、都司、守备等武职。清朝中叶以后，又有汉族地主自募自练的团练乡勇，称为勇营，有事时招募，无事时裁撤，不同于八旗、绿营常备之兵。

提督

明清武职官名。全称为提督军务总兵官。负责统辖一省陆路或水路官兵。其制始于明，起初并非固定之职官名称，至万历时始为专设之官。清因之。于各省地方额设提督十九人，秩从一品，统帅所属绿营官兵。是一省绿营最高级军官。计有直隶、福建、湖北、陕西、甘肃、新疆、四川、湖南、广东、广西、云南、贵州各一人；兼辖水陆提督者，江南、浙江各一人；其以巡抚兼提督事者，有山东、山西、河南、安徽、江西五人。另设外海、内河、长江、福建、广东水师提督各一人。凡水陆提督统辖所属官兵，分防要地，或游弋巡哨，修整武备，皆受总督节制。

法律

清代法律，结合满族在关外时期的习俗、制度，也沿用明律。顺治初已制定了大清律，康雍乾三朝不断修订增删。乾隆初公布《大清律例》，包括律文四百三十六条，附例一千四百零九条。它和传统的封建法典一样，保护统治阶级的利益，按照人们不同的身分

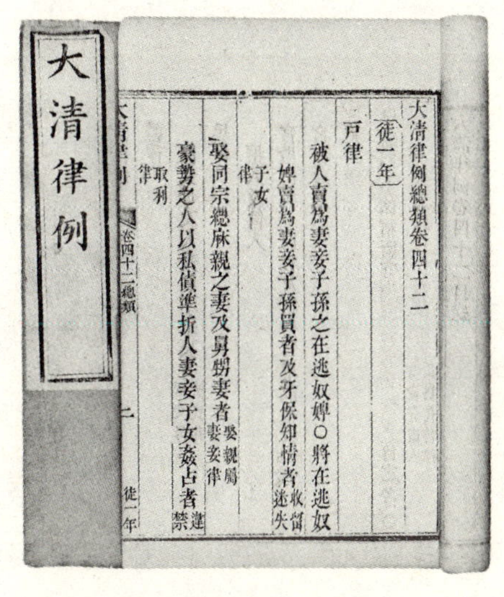

大清律例

大清律例總類卷四十二

徒一年

戶律

被人賣爲妻妾子孫之在逃奴婢○將在逃奴

婢賣爲妻妾子孫買者及牙保知情者 收留逃失

子女律

娶同宗緦麻親之妻及舅甥妻者 娶親屬妻妾律

豪勢之人以私債準折人妻妾子女姦占者 違禁

取利律

大清律例 卷四十二總類 二 徒一年

◇《大清律例》清刻本

等级有不同的审判手续和量刑标准。包括“叛逆”在内的“十恶”被视为最严重的罪行，对地主阶级的经济利益和封建家族的权利，作了明文保障。律制鲜明地体现了封建统治的本质，其中还有许多民族压迫和歧视的条文。

科举制

清朝继续以科举制作为培养、选拔官吏的“正途”。府州县每年考试，录取秀才；乡试三年一次，录取举人；以后举行会试、殿试，录取贡士、进士。殿试前三名为一甲，俗称状元、榜眼、探花。考试从四书五经中出题，写八股文章，思想内容和文章形式均有严格的程式，应试者受很大束缚，不能反映其真才实学。除了三年一次的考试外，有时还开恩科、特科，如康熙、乾隆时曾开博学鸿儒科。知识分子以此为进身入仕的阶梯。

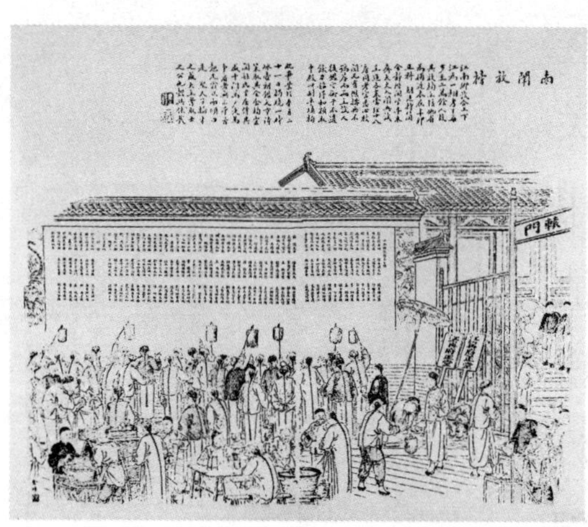

◇《点石斋画报》中的《南闱放榜图》，描绘了清代江南乡试放榜的情景。

博学鸿儒

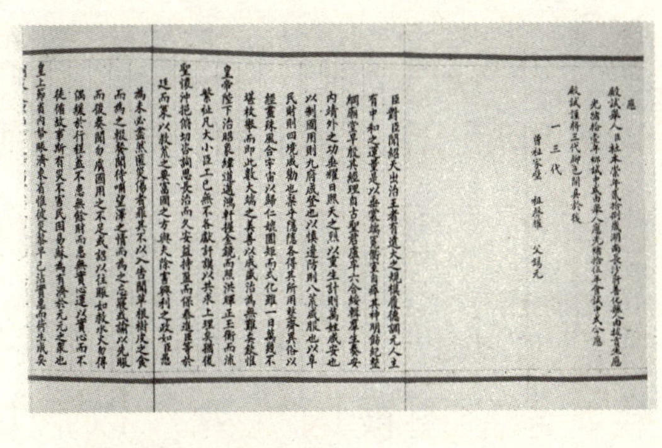
◇清殿试卷内页

清朝制科取士方式之一。清承唐宋旧制，于正常科举考试之外，增设制科取士。有博学鸿儒、经济特科、孝廉方正科等名目。博学鸿儒，又称博学鸿词，亦简作词科或鸿博。鸿始为宏，因避清高宗弘历名讳，改作鸿。康熙十八年（1679）、乾隆元年（1736）曾两度举行。与试者，不论已仕未仕，皆由在京三品以上官员，在外总督、巡抚等大吏先行荐举，然后汇集京城，统一进行殿廷考试，录取者授翰林院官。康熙词科选当时天下名士，入翰林院纂修《明史》，但以匡复故明为志，至死不仕清廷的顾炎武、黄宗羲拒不接受举荐。

统治阶级上层的斗争

清朝在入关前后，皇帝和八旗旗主的矛盾很尖锐，以后旗主的权力削弱，皇权加强，但上层的斗争并未停息。康熙帝去除鳌拜集团以后，重用索额图、明珠。这两人各树党羽，争权倾轧。康熙二十七年（1688），明珠等遭郭琇弹劾，被革职。当时，汉臣徐乾学、高士奇等受康熙重用，招权纳贿，形成“南党”，但在明珠党被逐后不久，也令休致回籍。康熙中期，索额图势力最大，并与太子胤礽结合。有人告发他们图谋不轨，欲加害康熙，索额图被囚处死。以后康熙、胤礽父子之间猜嫌日深。康熙四十七年废太子，康熙的许多儿子群起结党，争逐太子之位，胤禔、胤祉、胤禛、胤禩、胤禟、胤䄉、胤禵、胤祥都卷入了这场争夺。第二年，康熙忽然复立胤礽为太子。但胤礽骄纵妄行，致父子之间的隔阂难以弥合，康熙五十一年又被废黜。太子忽立忽废，康熙举止失措，朝臣混乱恐慌，此后，继承问题被长期搁置。六十一年康熙死，据称遗诏指定皇四子胤禛继位，即雍正帝。胤禛可能用非法手段抢夺了帝位，其实际内幕复杂难明。他上台后，打击敌党，最怀恨的胤禩、胤禟被诛杀，其他弟兄被囚禁，株连甚众。雍正鉴于这场斗争的教训，实行秘密立储，密写继承人的名字，藏于乾清宫的匾额之后，以避免公开立储引起的争夺。

清世宗胤禛（1678～1735）

清入关后第三代皇帝。清圣祖玄烨第四子。康熙六十一年（1722）继位。年号雍正，习称雍正帝，在位十三年，庙号世宗。清世宗勤于政务，大力清除康熙统治后期的各种积弊，取得一定成效，对清代历史发展有一定贡献。但他统治严酷，猜忌多疑，刻薄寡恩，故后世颇有争议。

◇清世宗胤禛像

秘密立储

清雍正以后皇位继承的制度。在中国历史上，历代王朝解决皇位继承问题，基本上采取公开建储，即预先公开册立皇太子，以备承嗣皇位。清代不立皇太子，因此，多次发生诸王子争夺储位。康熙帝立太子，旋废旋立，既立复废，诸王子营求储位，纷争不已。雍正帝继位后，始创秘密立储制度。此制延续至清终自然废止。

雍正时，朝臣中仍多结党。雍正亲自写《朋党论》以告诫廷臣。他最亲信的大臣年羹尧、隆科多亦得罪，年赐死，隆被囚，其案可能是皇位争夺的余波。乾隆初，

◇清立储“御书”

鄂尔泰与张廷玉亦广植党羽，乾隆帝加以裁抑，两派均不得专权。乾隆年老，和珅得宠，纳贿营私，权势甚盛。乾隆死后，和珅立即被嘉庆诛死。有清一代，上层政治屡起风波，政局经常变幻，但专制皇权却很强固，最高统治者能够驾驭局势，驱遣左右，故统治秩序尚为稳定。

清高宗弘历（1711～1799）

◇清高宗弘历像

清朝入关后第四代皇帝。清世宗胤禛第四子。雍正十一年（1733），封和硕宝亲王。十三年八月即位，年号乾隆，习称乾隆帝。在位六十年。传位颙琰（嘉庆）后，自为太上皇帝，仍掌军国大政，直至去世，实际统治六十四年，是中国历史上掌权时间最长的皇帝。高宗在位期间平定新疆，加强了对西藏的管辖，对土司统治地区继续推行改土归流政策，使统一的多民族国家得到巩固发展。高宗十分重视文化，以国家财力纂修很多书籍，对文化典籍、古代珍贵文物的保存颇有贡献。但他性喜奢华，迭兴文字狱，严格限制对外交往的政策，使中国更加昧于世界大势，日渐落后。

和珅（1750～1799）

◇和珅像

清乾隆时权臣。满洲正红旗人。钮祜禄氏，字致斋。少年家贫，为文生员，后因机灵善辩，仪表俊伟，受清高宗赏识。历任乾清门侍卫、御前侍卫。乾隆四十一年（1776），授户部侍郎，旋擢军机大臣，居此要职二十四年。还兼任步军统领、户兵吏等部尚书、理藩院尚书等，宠信冠于朝列。五十一年，晋大学士。又历任四库全书馆、国史馆总裁。累封至一等公。他精明敏捷，办事干练，高宗倚为心腹。乾隆后期，他权势日大，又贪黩无厌：政令传宣多由其手书口传，令各省奏折皆用副折送其先阅，各地进贡珍品也多入其家。其秉政揽权，历来被认为是清代中衰的一个重要原因。嘉庆四年（1799），高宗死，仁宗立即数其二十大罪，责令自尽，并查抄其金银珍宝，民间有“和珅跌倒，嘉庆吃饱”的谚语。

边疆地区的治理

清代在康雍乾时期统一了天山南北，加强了对西藏和西南其他地区的控制。

盟旗制度

清朝为分化蒙古族，控制其上层贵族而实行的政治制度。自天命九年（1624）初置，至乾隆三十六年（1771）全蒙古部众悉数被纳入盟旗体制，使该制度完备，历时一百四十多年。旗为军事、行政合一单位。由清中央在旗内王公中任命札萨克为其长，可以世袭；其职权为战时动员本旗兵丁出战，平时总揽本旗行政、司法、税收等项事务。下设协理台吉（札萨克之副职）、管旗章京（次于台吉之管旗官）等僚属。旗以下置佐设佐领，领本佐兵丁，办理清册、收税、征夫等事。盟为旗的会盟组织，合数旗而成。每盟设盟长一人、副盟长一人。盟长的主要任务是充当三年一次的会盟召集人，履行比丁、练兵、清查钱谷、审理重大刑名案件等职责，但无发兵权，不能直接干涉各旗内部事务，也无权向各旗发布命令，只是对盟内各旗札萨克实行监督，有责任随时告发札萨克的不法或叛逆行为。盟旗制度使蒙古族人民不能越旗游牧、耕种及往来、婚嫁，蒙、汉人民之间的接触更在禁止之列。1949 年后，盟旗制度彻底废除，仅保留盟旗称谓。

西北地区

清初，住在伊犁河谷的厄鲁特蒙古四部之一的准噶尔部最强盛，其领袖噶尔丹野心很大，战胜了其他部族，征服南疆的回部（维吾尔族），进兵青海，笼络西藏，侵扰甘肃，自称“博硕克图汗”。康熙二十七年（1688）噶尔丹乘喀尔喀蒙古内部纷争之机，竟和俄国相配合，率兵三万，由杭爱山东侵。喀尔喀蒙古战败，求援于清政府。康熙二十九年乌兰布通之战清军击败准部，噶尔丹遁逃。次年，康熙与内外蒙古的首领参加多伦会盟，改变喀尔喀原有的部落组织，实行盟旗制度，稳定了喀尔喀蒙古长期动荡的局势。三十五年至三十六年康熙率师亲征，平定了噶尔丹叛乱。此后，策妄阿拉布坦重振准部，在康熙后期派兵进入西藏，占领拉萨。清廷闻讯，于康熙五十九年派兵入藏，驱逐了准噶尔军。雍正二年(1724)，清军又平定了和硕特部罗卜藏丹津叛乱。罗卜藏丹津逃往准噶尔，清朝和准噶尔更加深了对立。在策妄之子噶尔丹策零统治时期，双方互有攻守胜负，曾一度议和停战。乾隆二十年（1755）清朝因准部发生内讧，初命班第、永常率兵偕同阿睦尔撒纳等降众，分两路进攻准噶尔部。二十二年，平定准噶尔，统一了天山北路，随即进入南疆。二十四年夏，平定了回部大小和卓之乱，统一了南疆。三十六年，西迁到伏尔加河下游的厄鲁特蒙古土尔扈特部三万余户，近十七万人，在其领袖渥巴锡的率领下克服路程的艰难险阻，冲破俄军的追击拦截，跋涉一万余里，行程八个月，回到伊犁，受到清政府的

◇渥巴锡（1743～1774），清代厄鲁特蒙古诸部中土尔扈特部首领，阿玉奇汗曾孙。

重视和欢迎。渥巴锡被封为亲王，部众得到了妥善安置。

平定准噶尔

清代康熙、雍正、乾隆三朝为统一西北地区与准噶尔贵族进行的多次战争，在清代文献中通称为“平定准噶尔”。清政府在康熙朝对准噶尔贵族进行了三次规模较大的战争；雍正朝对准噶尔贵族进行了两次战争；乾隆朝，清政府为完成对西北边疆地区统一，曾两次出兵准噶尔部、进军伊犁。清政府通过上述战争，打击了准噶尔贵族上层的割据势力，统一了西北边疆，有力地抵制了俄国势力的扩张。

◇《北征督运图册》。此图描绘康熙帝平定噶尔丹叛乱时向克鲁伦河运送军粮的情景。

大小和卓之乱

清乾隆二十二年（1757）新疆回部伊斯兰教封建主霍集占兄弟发动的叛乱。霍集占兄弟自称大小和卓，和卓意思是“穆罕默德之后裔”。乾隆二十二年，霍集占兄弟杀清政府派往南疆招抚的使臣阿敏道及兵丁百余人，霍集占自称巴图尔汗，发动武装叛乱。清政府立即派兵征讨。二十四年夏，清军分两路出击进攻大小和卓所在的喀什噶尔（今新疆维吾尔自治区喀什）和叶尔羌（今新疆维吾尔自治区叶城）。二人在清军大举进剿下弃城逃走，至巴达克山，被当地部落首领擒杀。

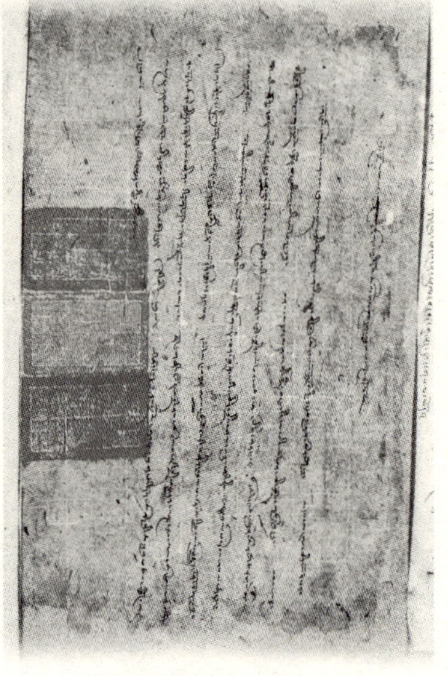

◇清乾隆五十八年(1793)，清廷正式颁布《钦定西藏章程》。藏文书写的章程归纳为二十九条，其中第一条即对今后确认达赖、班禅的转世灵童，由金瓶掣签掣定。

西藏

清朝还加强了对西藏的管辖。康熙五十九年（1720），清军逐准部出西藏，清廷以康济鼐主持藏政，设驻藏大臣监督。雍正时，颇罗鼐主持藏政，服从清朝政令。他死后，子珠尔墨特不服中央管辖。乾隆十五年（1750），清军再次入藏平叛，七世达赖与僧俗人众也反对叛乱，擒杀珠尔墨特。清廷为了稳定西藏局势，制订《西藏善后章程》，改组噶厦（西藏地方政府），设四名噶隆（须听命于达赖喇嘛和驻藏大臣）管理政务，并在西藏常驻清军。五十六年，尼泊尔廓尔喀族因贸易纠纷大举进攻西藏，清军驱逐廓尔喀军，追越喜马拉雅山，议和而返。清廷又制定《钦定西藏章程》，对西藏的政治、军事、财政、宗教、外事等方面进行全面改革，进一步提高驻藏大臣的权力，规定西藏地方官员的职权和品级，训练藏军，统一铸币。并实行金瓶掣签制，以防止班禅、达赖的转世为贵族农奴主操纵、利用。

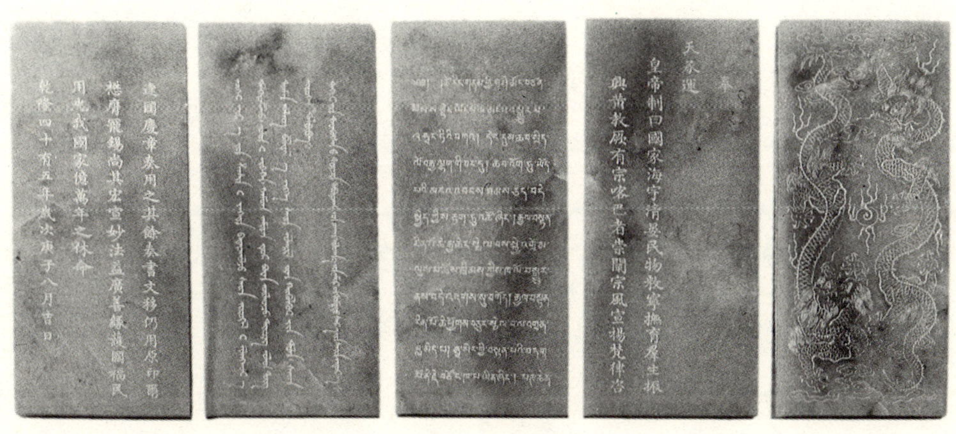

◇乾隆帝赐给班禅六世的玉册

驻藏大臣

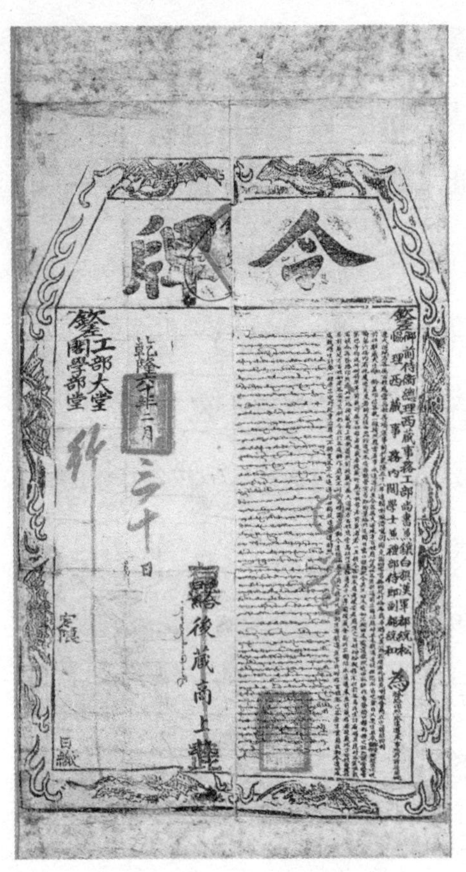

◇清乾隆年间驻藏大臣令牌

清代中央政府派驻西藏地方的行政长官。全称是“钦差驻藏办事大臣”，又称“钦命总理西藏事务大臣”。设正副各一员，副职称“帮办大臣”。雍正五年（1727）始置，至宣统三年（1911），历一百八十四年驻藏大臣共八十三任，计五十七人（内有再任及三任者）。驻藏大臣代表中央政府会同达赖喇嘛监理西藏地方事务，诸如高级僧俗官员的任免，财政收支的稽核，地方军队的指挥，涉外事务的处理，司法、户口、差役等项政务的督察等。此外，并专司监督有关达赖喇嘛、班禅及其他大呼图克图（活佛）转世的金瓶掣签、拈定灵童、主持坐床典礼等事宜。驻藏大臣的设立对加强祖国统一、巩固边防、促进民族团结均起过积极作用。

金瓶掣签

◇金奔巴瓶

清乾隆五十七年（1792）起用掣签于金瓶以确定活佛转世人选的制度。金瓶，又依藏语音译为“金奔巴”或“金奔巴瓶”。为防止大贵族势力操纵活佛转世，加强中央政府对西藏政教的控制，乾隆五十七年颁发两只金瓶，分别贮于北京雍和宫及拉萨大昭寺内。在雍和宫的金瓶由理藩院尚书监临，掣签拈定章嘉呼图克图与哲布尊丹巴呼图克图转世灵童。贮于大昭寺金瓶由驻藏大臣监临，主持达赖喇嘛与班禅额尔德尼及大呼图克图转世掣签之事。遇有大活佛转世之时，先行呈报所选灵童数人姓名、生年月日，用满、汉、藏三种文字缮写于牙签之上，贮入钦颁金瓶之中，供于释迦佛像座前，先期传唤喇嘛集齐大昭寺，诵经七日。届期由驻藏大臣亲临大昭寺，焚香顶礼，从瓶内掣签。掣得者，即为转世活佛，申报朝廷请封。

西南其他地区

为加强对西南地区少数民族的控制，雍正年间，清廷采纳鄂尔泰的建议，在云南、贵州、广西、四川、湖南等省大规模推行“改土归流”政策。废除土司，分别设置府、厅、州、县，委派非世袭的流官任职，和内地各省实行相同的政权管理体制。“改土归流”政策遭到土司的抵制和反抗。清朝采取和平招抚和武力镇压两种手段，对抗命骚乱者，出兵征讨。清朝镇压土司势力用力最大、耗时最久的是乾隆年间的大小金川之役。

改土归流

清朝雍正年间在西南一些少数民族地区废除土司制，实行流官制的政治改革。为了解决自元朝始设的土司制度之积弊，明清两朝的统治者大多主张实行改土归流政策。即在条件成熟的地方，取消土司世袭制度，设立府、厅、州、县，派遣有一定任期的流官进行管理。雍正四年（1726），云贵总督鄂尔泰数次上疏，全面阐述改土归流的必要，奏请立即推行，得到雍正帝的支持。此后改土归流的地区，包括滇、黔、桂、川、湘、鄂六省，涉及苗、彝、布依、侗、瑶、水等民族。改土归流废除了土司制度，减少了叛乱因素，加强了中央政府对边疆的统治，有利于少数民族地区社会经济的发展，对中国多民族国家的统一和经济文化的发展有着积极意义。

大小金川之役

清乾隆帝两次派重兵镇压今四川阿坝藏族自治州金川和小金川等地藏族的事件。乾隆十一年（1746），大金川土司莎罗奔劫夺小金川土司泽旺，经清朝干预后释还。次年，莎罗奔又攻明正土司（今康定）等地。清朝派兵前往“弹压”，莎罗奔于乾隆十四年正月降。乾隆三十六年，大金川土司索诺木（莎罗奔侄孙）与小金川土司僧格桑（泽旺子）再次发动反清斗争。清军第二次出兵大、小金川，历时五年，耗费白银七千万两，官兵死伤数以万计。事平后，清朝在大、小金川设立懋功、章谷、抚边、绥靖、崇化等五屯，驻军屯垦，以防再次发生反抗事件。

民族政策和边防设施

清朝对边疆少数民族的基本政策是“修其教不易其俗，齐其政不易其宜”。也就是保持各民族的风俗习惯、生活方式、宗教信仰，根据各地不同的情况，采取措施，加强统治和管理。

在边疆行政机构的设置上，因地制宜。北方边境，经过长期战乱，且与俄国接壤，着重于巩固边防，设军府制，统管军政民政。东北设盛京、吉林、黑龙江三将军，外蒙设定边左副将军，新疆设伊犁将军，派兵戍守。维吾尔族聚居的南疆地区，沿用原有的伯克制，但非世袭，而由参赞大臣请旨简放。内外蒙古、青海实行札萨克制，设盟长、旗长统属于理藩院。西藏则适应政教合一的体制，建立和完善了达赖喇嘛与驻藏大臣协同管理的噶厦机构。西北的乌鲁木齐、巴里坤，西南新设流官地区以及台湾，则和内地一样，设府州县制，分属各省总督、巡抚管辖。

清政府对少数民族的上层，采取各种措施，团结笼络。如优给廪禄、减免徭赋，封以爵位官职，保证他们的世袭权利。规定他们轮流到北京或承德觐见皇帝，观光赐宴，待遇优渥，以联络感情，增进了解。特别重视蒙族上层，强调“满蒙一体”，以皇室子女和他们通婚联姻。又在蒙族、藏族中扶植黄教，尊崇活佛，优礼喇嘛，各地大兴土木，修建许多喇嘛寺庙，利用宗教进行统治。

◇内蒙古自治区包头五当召（藏式喇嘛寺庙）。五当召原名巴达嘎尔庙，藏语巴达嘎尔意为“白莲花”。蒙古语“五当”意为“柳树”，“召”为“庙宇”之意。始建于清康熙年间，乾隆十四年（1749）重修，赐汉名广觉寺。

为了加强边防，沿边的山川隘口、交通要道，设置许多军事哨所，名为卡伦。又在漫长的边境线上规定巡边制度，派兵定期巡视。18世纪下半叶，清政府巡边的范围东北至外兴安岭，西北至巴尔喀什湖、伊塞克湖。

清朝统一全国，边疆地区在中央政府管辖下得到了较长时期的安定，经济迅速发展，各族人民的生活有所改善。内地急剧增加的汉族人口大批迁往边疆，开垦田地，从事农耕，传播了较为先进的耕作技术，也有的经营手工业、采掘业、商业，使边疆地区经济、政治、文化大大活跃起来。清政府又大力开辟驿路，广设台站，形成了以北京为中心通向边疆各地的交通网。四通八达的驿路台站，既是政府文书军报传递的工具，又是商货物产交易流通的渠道。沿着驿路，新兴起一大批农业村落、军政据点和工商城市。

卡伦

清代的哨所。为“台”或“站”的满语音译。卡伦由于任务、作用、设置地点和条件不同，有多种形式。如战时“营前卡伦”，负责警卫和探察敌情；皇帝专用猎场的“围场卡伦”，专门负责围场警卫；在禁区、山场、矿山设置的卡伦，负责查禁私人采伐捕猎；设置于山川要隘处的卡伦，负责维持秩序，保证交通安全，稽查逃人，解送马匹，护送贡物，传递文书等；在一些游牧部

◇云南驿是中国古代西南丝绸之路的重要驿站，清代这里成为茶马古道上重要而繁华的集散地。

落设置的卡伦，则各有地段，防止牧民越境放牧，避免发生纠纷；在边境地区设置的卡伦，则是为了保卫边疆，巡查国境。卡伦驻地和驻守的时间也不相同。有些卡伦常年设置，驻地不变；有些卡伦虽然常年设置，但驻地随季节变更。还有一些卡伦虽然驻地固定不变，但设置的时间则按季节确定。各种卡伦根据各自的任务，有的在固定地点守望，有的在一定范围内巡逻。

中国与俄国的关系

16 世纪末和 17 世纪初，俄国向东扩张，越过乌拉尔山，征服了西伯利亚的许多土著民族，推进到鄂霍茨克海滨，并向南侵犯中国的蒙古和东北。17 世纪中叶，波雅科夫和哈巴罗夫率领的俄国哥萨克，窜扰黑龙江流域，烧杀抢掠，无所不为。清军和当地各族人民进行了英勇抵抗，在乌扎拉、呼玛尔和俄军作战。顺治十五年（1658）清军在松花江的战斗中大胜，全歼入侵的哥萨克。但俄军仍盘踞在黑龙江上游的尼布楚，以后又侵占雅克萨。顺治十三年俄国巴伊可夫使团来到北京，康熙十五年（1676）尼果赖使团又到北京。清政府对俄军侵入黑龙江提出交涉和抗议，但俄使态度傲慢，置之不理。

俄军在黑龙江中下游地区建立堡寨，设置据点，强征贡税，迫害当地中国居民。清政府为确保东北这一满族的发祥之地不受侵扰，在三藩战争结束和统一台湾后，将注意力转向北方，积极筹划，做武装驱逐侵略者的准备。康熙二十一年康熙帝东巡盛京，亲自航行于松花江上，视察边防，并派郎谈、彭春等赴俄军强占的雅克萨附近侦察地形、交通、敌情。清廷的基本方针是军事斗争、外交谈判和充实边防三者并举。翌年，清军在黑龙江两岸筑城屯田，派兵永驻，并在很短时间内出兵扫清了俄军在黑龙江中下游设立的据点。清廷还通过各种渠道，或派遣使者，释放俄俘到雅克萨，要求俄军撤出中国领土，或直接带信到莫斯科，要求沙皇约束俄军，派使者进行谈判。但一切交涉均无效果。二十四年彭春统率清军攻雅克萨，用大炮轰城，俄军战败，俄将托尔布津不得已开城投降。清军释放了俄俘，允许他们带走自己的武器财物，但须保证不再重来。随之，清军也从雅克萨撤退。但俄军背

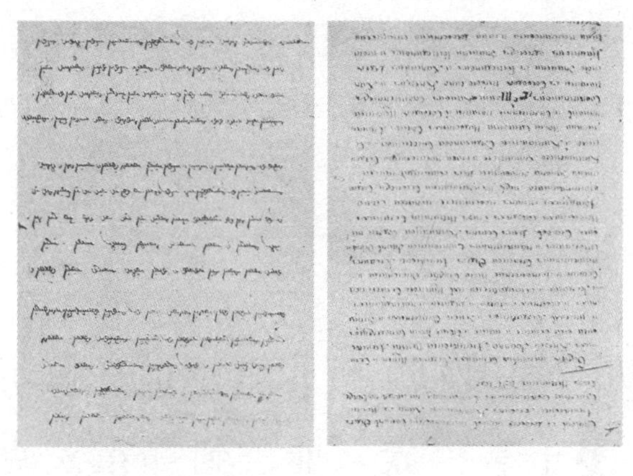

◇满文、俄文《尼布楚条约》

信弃义，在得到了增援以后，托尔布津又率军重占雅克萨。康熙二十五年，萨布素领清军再次进攻雅克萨，围城数月，八百余俄军战死、病毙，只剩六十六人，危城旦夕可下。这时，俄皇在接到康熙帝要求谈判的信件以后，派遣使者到北京，接受中国的谈判建议，清军遂停止攻打雅克萨。

雅克萨之战

清朝康熙二十四年（1685）至二十六年，中国军民驱逐沙俄侵略者，收复雅克萨的作战。雅克萨位于今黑龙江省呼玛县西北黑龙江北岸，历史上属于中国。17世纪中叶，沙俄派兵侵占。清政府多次谋求和平解决无效，于二十四年派兵平毁城堡，后回师黑龙江城。不久，沙俄侵略军重占雅克萨，筑城据守。次年五月底，萨布素等奉命率水陆军两千余人再次进抵雅克萨。俄军困守孤城，势穷力竭。在沙皇政府请求下，清军于二十六年八月撤围。此后，两国通过平等谈判，于1689年9月签定了中俄《尼布楚条约》，从法律上确定了中俄东段边界。

康熙二十八年，以索额图为首的中国使团和以戈洛文为首的俄国使团在尼布楚举行谈判。经过艰难曲折的交涉，对中俄东段边界的划分达成协议，签订了《尼布楚条约》。条约规定：以格尔必齐河、外兴安岭和额尔古纳河为两国的分界线；外兴安岭与乌第河之间的地区，暂行存放，留待后议；条约禁止彼此越界入侵，双方不得收容逃亡者，两国人民持有“路票”，可以往来贸易等等。中俄《尼布楚条约》是一个平等的条约，双方代表在政府事先指示可以接受的范围内做出一定让步，达成了协议，明确划分了中俄的东段边界。条约签订后，东段边界相对平静，贸易有较大发展。但北段边界由于俄国不断入侵蒙古，矛盾逐渐加剧。清政府多次要求与俄国谈判，划定两国的北段边界。雍正时，俄国派出以萨瓦为首的使团到中国谈判，并指示使团必须要中国让出外贝加尔地区。雍正五年（1727）清廷先后派隆科多、策棱与俄国使臣在波尔河举行会谈，签订了中俄《布连斯奇条约》，规定东起额尔古纳河，中经恰克图、西至沙宾达巴哈为两国的北段边界。这段界线的划分完全满足了俄方的要求。

清朝的衰落、外国资本主义的武装入侵

嘉道时期的农民起义

乾隆后期，清朝走过了全盛阶段而逐渐衰微。首先是土地兼并严重，社会矛盾尖锐。大地主田连阡陌，广大贫苦农民无地可耕，沦为佃农、雇农。地主出租土地，收取高额地租，往往达收获量的一半以上。地主还采取超经济的强制手段，逼迫农民服劳役，送节礼，进行人身控制。雇农或做长工，或做短工，工资微薄。农村中还有相当数量的自耕农，在自己的小片土地上耕作，一遇天灾人祸即倾家荡产。

在土地急剧兼并、封建剥削苛重的情况下，清代的人口却在迅速增长。康熙时在册的丁数近二千五百万，加上妇女老幼与隐匿人口，估计总人口约一亿多人。乾隆六年（1741），全国第一次人口统计为一亿四千万人。一百年后，即道光二十年（1840）增至四亿一千万。人口增加三倍，但耕地面积并未相应增加。乾隆五十九年，全国人口三亿七千零四十六万，全国耕地约有九亿亩，每人平均占有耕地不足三亩。人多地少，谋生困难，矛

◇清王翚绘《康熙南巡图》绍兴部分

盾十分突出，再加上历年发生水旱虫灾，粮价腾贵，饥民遍野，社会秩序日益动荡。

统治阶级骄奢淫逸，皇室铺张挥霍，供应浩繁。康熙、乾隆多次巡幸，开倡了奢糜之风。贵族王公、官僚富商无不宅第巍峨，婢仆成群，金货山积，整日在花天酒地之中。官场贪污腐化，贿赂公行。乾隆后期屡兴大狱，诛杀很多大贪官，但并不能扭转腐败风气。贪污之风影响到军队，各级将领克扣军饷，竞尚浮华，任意役使士兵，士兵不得温饱。军政废弛，纪律败坏，士无斗志，武装力量大大削弱。

从康熙中叶到乾隆中叶，清朝的统治相对稳定。除康熙六十年（1721）台湾发生朱一贵起义，一度占领全台外，没有发生大规模的农民起义，但存在着分散、零星的斗争。汉族的中下层怀念明朝，打着“朱三太子”、

“反清复明”的旗号，从事反清活动，但都旋起旋落，被清政府扼杀（见朱三太子案）。还有全国各地的抗租抗粮斗争，农民不给地主交租，不给政府纳税。这些斗争虽然分散、细小，但却频繁、普遍。一旦条件具备，自发的经济斗争便有可能转化为起义和战争。此外还有城市中手工业工人的斗争，要求增加工资，改善待遇，反对压迫，但城市中的工商业者和工人，尚未形成可以和强大的清政权相抗衡的力量。

清前期，各种反清力量还微弱，但阶级矛盾在发展，不稳定因素在滋长，白莲教、天地会这类民间宗教和秘密结社正是在这样的土壤中得以生长、传布。白莲教是传统的宗教迷信组织，盛行于北方农村；天地会则流传于东南地区，始创于清代（或说康熙时，或说乾隆时）。这类民间宗教和秘密结社，在阶级斗争激化的时候，成为下层人民反抗现存统治的强有力的工具。

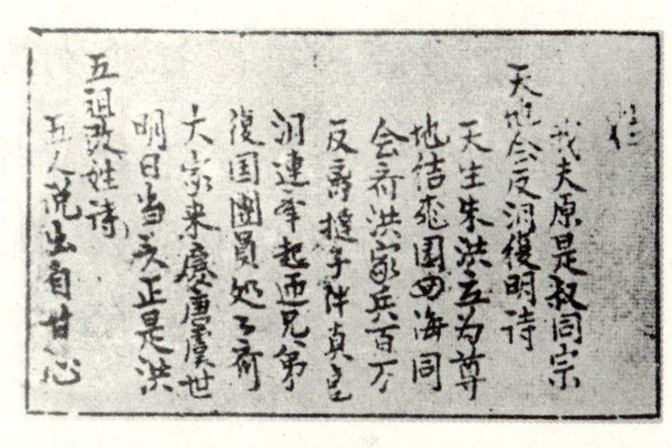

◇天地会反清复明诗

朱三太子案

清康熙时发生的反清事件。清初，流传明崇祯帝第三子尚在民间，一些人即以“朱三太子”为号召，举兵抗清，清廷大力搜捕，史称“朱三太子案”。曾先后有北京杨起隆、福建蔡寅诈称朱三太子反清，被清军击败。康熙四十年（1701）后，江苏太仓、浙江大岚山等处反清力量均称拥立朱三太子。四十七年正月，捕获在浙江起兵的张念一，据其口供捉张姓父子。张供认本名朱慈焕，系崇祯帝四子，长期流落，屡改姓氏，以课读糊口，时年已七十五岁，与江南、浙江等处反清势力素无关系。但清廷指其伪冒明裔，以“通贼”罪将朱氏父子解京处死。朱三太子一案从此告终。

以乾隆三十九年（1774）山东临清的王伦起义为契机，揭开了清中叶农民起义的序幕。起义虽很快被镇压下去，但因其发生在清朝统治的心脏地区，所以全国震动，影响极大。四十六年，甘肃爆发了苏四十三、田五起义，参加者多为撒拉族、回族人民。五十一年，台湾爆发了天地会的林爽文起义。六十年又发生了湘黔苗民起义。嘉庆元年（1796），爆发了清中叶规模最大的农民起义——川楚白莲教起义。这次起义历时九年，波及湖北、四川、陕西、河南、甘肃，规模甚大，战斗激烈，严重地打击了清王朝的统治。

天地会

清代秘密结社。又名“洪门”，俗称“洪帮”。乾隆时期出现，成员最初多为农民或由破产农民转化而成的小手工业者、小商贩、水陆交通沿线的运输工人及其他没有固定职业的江湖流浪者。后成分日益复杂，但仍以下层民众为主。天地会没有明确的政治纲领与政治目的，只有“反清复明”、“顺天行道”、“劫富济贫”等口号，“忠心义气”是会内最高的道德规范和组织保障。结会时，举行歃血仪式，并立誓。天地会有一套独特的隐语、暗号作为传会工具，逐渐成为中国南方最大的秘密结社。后又有添弟、小刀、双刀、父母、三点、三合等十余种名目，出现了哥老会等大量分支，以至各地山堂林立。天地会曾多次举行武装反抗斗争。辛亥革命时期，积极支持革命。民国时期，国内的天地会组织大多成为少数人争权夺利的工具。海外的洪门组织，大多数继续作为团结华侨的重要纽带而存在，只有少数成了黑社会组织。

川楚白莲教起义

清嘉庆初年的农民起义。最早参加者多为白莲教教

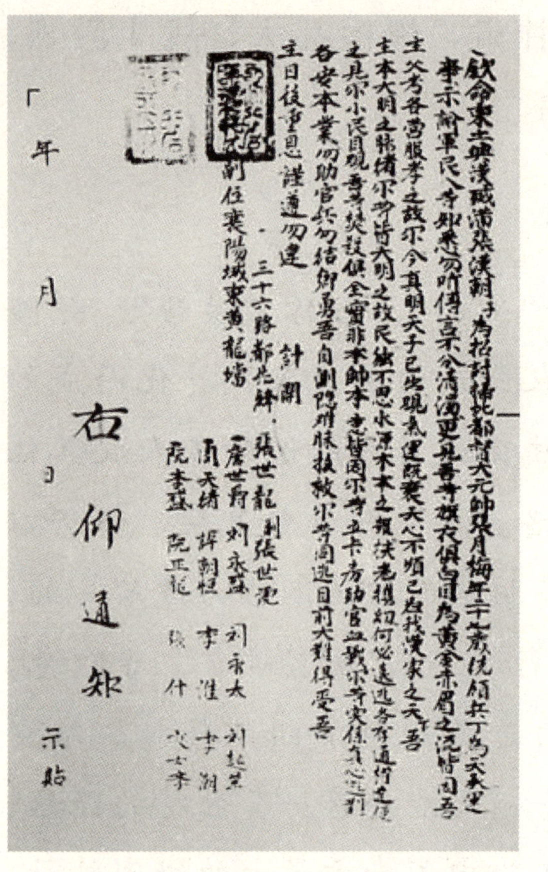
右仰通知

◇白莲教起义军首领张汉朝所部在陕西兴安发布的告示

徒。始爆发于川楚陕边境地区，后波及川、楚、陕、豫、甘等省，历时九载，是清代前期规模最大的一次农民战争，使清王朝元气大伤，统治逐渐走向衰落。白莲教是明清时期主要的秘密宗教，崇奉“无生老母”与“弥勒佛”，以“真空家乡、无生老母”为八字真诀，使人们在精神上得到一定寄托，对于处在水深火热之中力图摆脱现世的流民来说，具有很大的吸引力。

嘉庆元年正月初七（1796 年 2 月 15 日），湖北宜都、枝江一带首领张正谟、聂杰人等因官府查拿紧急，提前举义；三月初十，王聪儿、姚之富等率襄阳地区的教徒起义。四川各地的白莲教徒也纷纷响应。二年七月，四川起义军与襄阳起义军会师。嘉庆五年四月四川江油马蹄冈战役以后，起义转入低潮。至九年九月，起义终告失败。

上述起义虽被镇压下去，但阶级矛盾并未缓和，整个社会动荡不安。嘉庆年间，小规模的农民起义仍持续不断。十年，东南渔民在蔡牵领导下发动起义。十八年，北方天理教在李文成、林清领导下发动起义。林清联络教徒二百人，准备由太监接应直冲宫禁。林清本人坐镇黄村，等待后援。起义教徒由西华门攻入紫禁城，虽因众寡悬殊而失败，但对京师震动极大。十九年陕西三才峡木工，因失业乏食，发动起义。道光十一年(1831)湖南、广东、广西的瑶民分别在赵金龙、赵子清、盘均华的领导下发动起义，都发展成规模较大的战斗。还有东南各省的天地会，也发动了频繁、细小的武装反抗。这些起义也都被镇压下去，但社会的动乱还在继续，更大规模的农民运动正在酝酿，终于爆发了太平天国农民起义。

◇天理教徒攻击紫禁城时在隆宗门匾额上留下的箭头痕迹

闭关政策与鸦片贸易

康熙统一台湾后，下令开放海禁，对外贸易有所恢复发展。这时，英国在各国对华贸易中占首位。18 世纪中叶，它在欧美对中国贸易的进出口总值中已占一半以上，18 世纪末增加到大约占百分之八十以上。清朝前期的对外贸易，中国长期出超，传统产品茶叶、生丝、土布、瓷器在欧洲市场上很受欢迎，销路日益增大，而西方国家除了把印度棉花转贩到中国，不能提供其他适当商品。英国的机制棉毛织品在中国市场上滞销亏损，只能把大量白银输入中国，以平衡贸易逆差。外国商品难

海禁

明政府禁阻私人出洋从事海外贸易的政策。亦称“洋禁”。始于明初，在明一代虽时张时弛，但直至明末，未曾撤销。明太祖朱元璋出于政治需要，禁止私人海外贸易。永乐以后，禁令范围逐渐缩小。成化年间对官吏私通番国的贸易事件采取较宽容态度。嘉靖元年，以倭寇起于市舶（即贡舶），封锁沿海各港口，销毁出海船只，禁止下海捕鱼捞虾，断绝海上交通。违禁者处以极刑。海禁政策，并不能阻遏私人海外贸易的发展，相反，

参加对外贸易的人越来越多。隆庆初，开放海禁，以征收商税，增加财政收入。但海禁的开放有限制，弛禁初期颁发“引票”五十张，万历中增至八十张，东、西洋各四十张。出海贸易者，均须经海防同知批准，领取“引票”，到指定地区贸易，并在规定的期限回港。对前往贸易地有限制，日本即在禁止通商之列。对出口货物的品种也有限制。这类规定依然严重地束缚着海外贸易的正常发展。

◇乾隆时期停泊在广州十三行（清代设立于广州的经营对外贸易的专业商行）外的外国商船

以进入中国市场，主要是中国自给自足的自然经济结构对外国商品有强大的抗拒力，部分原因是清政府实行闭关政策，在中外贸易和交往方面设置了障碍。清政府担心，如果开放贸易，中国人民接触了外部世界，将会增强反政府的倾向和力量，所以对中外交往严密控制。一方面限制中国人出洋贸易和居住，严格规定出洋船只的大小、型制与装载货物的品种、数量，水手客商人数及往返期限。另一方面限制来华外国人的活动，指定在广州一口通商，规定进出口货物的种类，对外国商人在中国的行动、起居制订规条，稽查防范。特别是设立行商制度，使来华的外商只能和指定的行商交易，不准和其他人往来。外国进口货物由行商承销，外商购买内地货物出口，亦由其代购。甚至外国商人交纳关税，办理交涉也必须通过行商作中介，不得和官府直接交往。这种闭关政策建立在落后的自然经济的基础上，力图与外部世界隔离，以保存、维护封建主义的统治。它并不能消除或减轻外国的侵略，反而窒息了中国的对外贸易和航海事业，妨碍了中国学习世界先进的思想文化和科学技术，造成的危害十分严重。

马戛尔尼使团

◇马戛尔尼像

英国早期派遣来华的官方代表团。由前驻俄公使、孟加拉总督马戛尔尼（1737～1806）任全权大使。1792年（清乾隆五十七年）9月，他率领由科学家、作家、医官及卫队等九十人组成使团，携带天文仪器、车船模型、纺织用品和图画等六百箱礼品，乘船自朴次茅斯港启程前往中国。使团带有英王庆贺乾隆帝八十三岁寿辰的信函和国书。英国政府训令使团向清政府提出“改善”贸易条件、互换常驻使节等要求。乾隆帝以所请与“天朝体例”不合，一一驳回。马戛尔尼的使命失败，于次年9月回到英国。马戛尔尼使团来华，是为本国商品打开中国市场的一次尝试，带有炫耀资本主义实力和文明、强行开拓殖民利益的意图。清政府严正地拒绝了英国无理要求，维护了中国主权，但同时又坚持闭关自守，反对扩大两国正当贸易，也不利于中国社会经济的发展。

当时，英国不甘心于对华贸易的长期逆差，为扭转局面、开辟市场，作了种种努力。乾隆五十八年（1793）英国派马戛尔尼使团到北京，要求开放贸易口岸，割让舟山某个小岛，作为英国存放货物、居留商人的地方，允许英人自由来往广州，以及颁定税率，禁止额外加征。其中一些侵略性条款当然是不能接受的，但清政府并未认真谈判，即一概拒绝，马戛尔尼使团在承德、北京停留一个半月，未获结果而回国。嘉庆二十一年（1816），英国又派阿美士德使团来华，但在觐见皇帝的礼节问题上，双方各执己见。清政府要求行跪拜礼，阿美士德坚决拒绝，形成僵局，竟因此未能进行对话，英国使团被遣送出境。

◇清道光十九年（1839）停泊在广东伶仃洋的英国鸦片趸船

英国资产阶级后来终于找到了可以改变对华贸易不利局面的途径，即向中国输入大量鸦片，以抵销贸易逆差。鸦片最初是以药品输入中国的，数量很少。18世纪末，输入量逐年增加，每年达四千箱。清政府觉察到鸦片的危害，于嘉庆五年禁止鸦片进口，以后又不断重申禁令，采取各种禁烟措施。但英国鸦片贩子通过贿赂和走私，使鸦片输入不但没有减少，反而连年激增，到鸦片战争前夕，每年输入高达四万箱，其价值超过了中国出口的茶丝布匹全部价值的总和。中国的对外贸易从出超变成入超，每年为抵偿贸易逆差，外流的白银达一千万两。

罪恶的鸦片贸易为英国商人和英国印度政府带来了巨大的利益，而给中国社会、中国人民造成了严重的灾难。鸦片烟不仅摧毁了许多中国人的身心健康，而且导致白银大量外流，扰乱了货币流通过程，银价上涨，银贵钱贱，影响了生产、交易。官吏和士兵吸食鸦片，意志萎靡，不理政事，不习武功。清朝也因货币流通混乱、税源枯竭而减少了财政收入。

清政府三令五申，严禁鸦片，但并无效果。有一些和鸦片利益有联系的官吏，阻挠和反对禁烟。道光十六年（1836）许乃济提出鸦片弛禁，进口按章纳税，并许内地种植，这一荒谬主张遭到许多有正义感的官吏的驳斥。在这场严禁与弛禁的争论中，黄爵滋提出了重治吸烟的办法，吸烟者限一年内戒绝，否则处以死刑。这一严厉而彻底的禁烟主张，得到了一些官吏的拥护。湖广总督林则徐支持这一主张，并在辖境内切实贯彻禁烟命令，收缴烟土烟枪，限期戒烟，取得了成效。道光帝也主张禁烟，召见林则徐，派他为钦差大臣，往广州查办鸦片。

◇林则徐像

林则徐（1785～1850）

清代爱国主义政治家、思想家。字元抚，又字少穆、石麟，晚号竢村老人。福建侯官（今福州）人。官至巡抚、总督。他关心民间疾苦，重视农田水利，开垦荒地，抗灾赈灾，改革漕政，扶持商业、矿厂，主张学习西方长技，开创了中国近代向西方寻找真理的先声。道光十八年（1838）冬，赴广东主持禁烟，坚决维护中国主权和民族利益，缴获和焚毁大批鸦片，并粉碎了英国侵略者的多次武装挑衅，表现了伟大的爱国主义精神。不久，为清廷的投降势力所诬陷，被贬戍新疆。

两次鸦片战争的爆发及后果

道光十九年（1839），林则徐奉命为钦差大臣往广州禁烟，收缴并焚毁了二百三十七万斤鸦片。英国鸦片贩子和英国政府因不肯放弃这项具有大利可图的贸易，悍然发动战争。

第一次鸦片战争

道光二十年（1840），英国司令懿律率领远征军来到中国，先在广东、福建沿海骚扰。林则徐、邓廷桢进行抵抗，英军随即北上，攻陷浙江定海，驶往大沽。因沿海各省防卫准备不足，清廷幻想弭兵息事，派琦善赴广州和英国谈判，指责主张抵抗侵略的林则徐、邓廷桢“办理不善”，“轻开边衅”，将他们革职，遣戍

◇三元里人民抗击英军时使用的指挥旗

新疆。琦善执行投降妥协政策，撤除广州防务，接受了割地赔款的屈辱条件。而道光帝动摇于和战之间，不甘心不战而降，又撤换琦善，准备在广州和英军作战。二十一年，英军进攻虎门，提督关天培等英勇抵抗，力竭牺牲。

◇关天培像

关天培（1781～1841）

鸦片战争中，中国抗英名将。字仲因，号滋圃，江苏山阳（今淮安）人。行伍出身，历任清军游击、参将、副将、总兵等职。道光十四年（1834）九月，任广东水师提督，驻师虎门寨。他整顿水师，严肃军纪，加强训练。禁烟运动中，协助钦差大臣林则徐、两广总督邓廷桢严缉鸦片走私，收缴鸦片。鸦片战争爆发后，反对钦差大臣琦善对英妥协。二十年十二月，英舰开始进犯虎门，关天培督靖远炮台守军顽强抗击，并亲燃大炮，对敌轰击，身受重伤，力战殉国。著有《筹海初集》四卷，反映其筹办广东海防的军事思想。

身为统帅的奕山却与英军一触即溃，向英军交纳六百万元“赎城费”，以乞求英军不进入广州城。广州之战显示了清军和英军之间的力量差距，暴露了自诩为天朝大国的清王朝的虚弱无能。而广州郊区三元里的民众奋起抗击英军，予敌重创。

广州战役之后，英国更换了统帅，派璞鼎查率军北上，于二十一年又攻陷定海、镇海、宁波。清廷派遣的第二个统帅奕经重蹈前任的覆辙，一战失利，全军溃退。英军于第二年进入长江。清军在吴淞口和镇江进行了英勇抵抗，提督陈化成力战牺牲，驻防镇江的旗兵全部战死，但未能阻挡住英军的前进。英军抵达南京。强敌压境，清廷惊慌失措，失去了抵抗的意志和决心，遂派耆英、伊里布议和，接受了英国的全部侵略要求。二十二年七月二十四（1842 年 8 月 29 日）签订了中国历史上的第一个不平等条约，即中英《南京

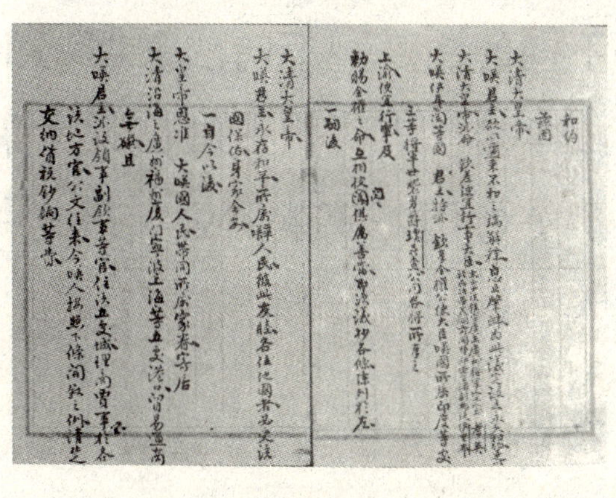

◇中英《南京条约》文本

条约》。条约规定：割让香港，赔偿军费、烟价共两千一百万元，开放广州、福州、厦门、宁波、上海五口通商，“议定”税则等。以后又和美国签订《望厦条约》，和法国签订《黄埔条约》。从此，资本主义列强纷至沓来，掠夺权利，一个个不平等条约更加阻挡落后中国的前进。

第一次鸦片战争结束了中国孤立于世界历史潮流之外的格局，古老的封建中国遭遇到强大的西方殖民主义。不同的制度、不同的文明，不可避免地发生了激烈冲突。战争结果表明，中国已大大落后于西方，必须急起直追，了解外国，变革图强。但这一真理还没有被当时的中国人所认识。

第二次鸦片战争

第一次鸦片战争虽然打开了中国的大门，但是外国商品的输入还不像外国资本家所期待的那样迅速增加。这一方面由于中国是自给自足的自然经济，另一方面由于清政府虽已战败，但天朝大国的幻觉仍使它对外国商品和技术抱排斥态度。外国侵略者提出修改条约的要求，企图扩大侵略权利，被清政府拒绝。咸丰六年（1856），英国以广州官兵搜查曾在香港登记的中国走私船“亚罗号”为借口，法国以在广西传教的法国教士被杀为借口，共同出兵，再一次发起侵略战争。咸丰七年，英国的额尔金、法国的葛罗统率英法联军进攻广州，清军未作战守的准备，广州很快失守，两广总督叶名琛被俘。次年春，英法联军北上，在大沽登陆，攻陷天津。清王朝正在长江中下游和太平军殊死战斗，北方毫无军备，只得和英法议和，订立《天津条约》。依据条约，清政府除赔款、修改税则、更多开放通商口岸外，又同意外国使节常驻北京，外国人可赴内地游历、通商、传教等。

◇圆明园遗址

冲突还没有就此结束。咸丰九年，英法公使赴北京交换政府已批准的《天津条约》。清政府指定了换约使团行经的路线，被英法拒绝。为了向清政府示威，英法以强大舰队随行，强行闯入中国设防的内河，向清军寻衅。驻防在大沽口的清军进行还击，打败了来犯的侵略军，从此再起战端。咸丰十年，英法联军二万五千人大举出动，在北塘登陆，攻陷大沽、天津。咸丰帝仓卒逃往热河。是年八月，英法联军至北京，大肆劫掠，焚毁了圆明园，大批珍宝、文物、书画、图籍被烧被抢。咸丰之弟恭亲王奕䜣留在北京，与英法联军议和，签订了《北京条约》。除承认前年《天津条约》中的一切条款之外，又增加赔款，添开商埠，割让九龙给英国。

俄国乘机渔利

俄国在英法联军进攻时趁火打劫，所得的侵略利益比英法更多。它很早就觊觎着中国的黑龙江流域。东西伯利亚总督穆拉维约夫早就在进行入侵中国的准备。他建立哥萨克军，派遣考察队和其他人员越境窜入黑龙江流域，建立据点、村屯。当英法联军第一次攻占天津时，俄国军舰乘机闯进黑龙江，驶抵瑷珲，鸣枪放炮，迫使清朝地方当局签订《瑷珲条约》，割占黑龙江以北大片中国领土，并将乌苏里江以东土地列为中俄“共管”。英法联军攻入北京，俄国又自称“调停”有功，进行威胁恐吓，迫使清政府签订中俄《北京条约》，全部侵吞了所谓“共管”的乌苏里江以东地区，这两次侵略行动，共侵吞中国东北领土达一百余万平方公里。中俄《北京条约》还规定勘分中俄的西段边界，为俄国侵占中国西部领土作了准备。

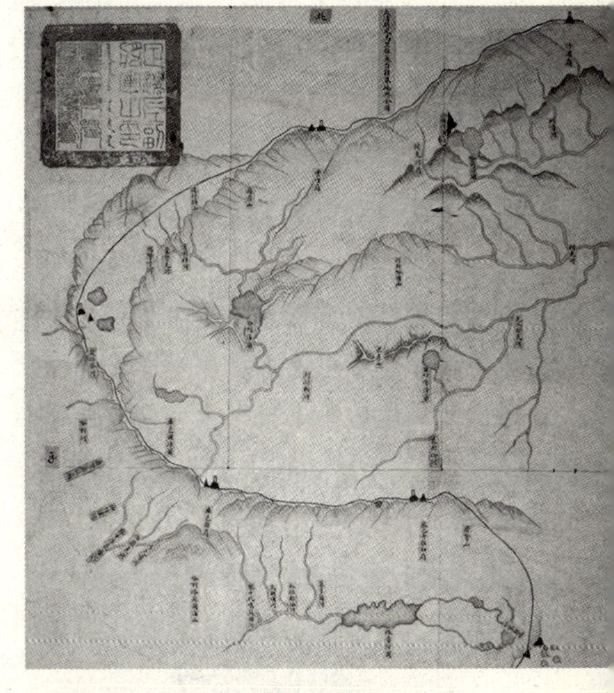

◇《乌里雅苏台中俄边境建立牌博图》（局部）。清同治八年（1869）七月二十八日乌里雅苏台参赞大臣荣全与俄国使臣签订《乌里雅苏台界约》。本图正上方贴有“大清新定乌里雅苏台疆界地舆全图”的黄签。《中俄勘分西北界约记》是根据咸丰十年（1860）中俄《北京条约》第二条规定，于同治三年九月初七日（1864年10月7日），由清朝大臣会同沙俄大臣议定于塔城，共十条。这一条约第一次详细规定了中俄西段边界。为了具体规定该约大致确定的国界线，中俄双方后又陆续签订了三个子约，即《乌里雅苏台界约》、《科布多界约》、《塔尔巴哈台界约》。《中俄勘分西北界约记》是继《北京条约》之后清政府被迫签订的又一严重丧权辱国的条约。

太平天国起义、清统治格局的变化

太平天国起义

在第二次鸦片战争之前，太平天国农民战争已在中国南半部爆发。它是 18 世纪以来严重的社会和政治问题的产物。

建立政权

太平天国领袖洪秀全是广东花县人，出身农家，在科举考试落榜之后，接触到西方的传教书籍，逐渐离开传统的儒家信仰，接受了基督教的一些思想，劝人信拜上帝。他与冯云山深入广西桂平紫荆山区传教，在贫苦人民中获得了大批信徒。洪秀全创作了一系列宗教作品，揭露现实的黑暗，宣传平等的理想，提出“斩邪留正”，号召农民起来反对清朝封建统治。信奉的

◇洪秀全像

◇太平天国的宗教仪式

群众越来越多，和地主阶级的团练武装发生激烈冲突。拜上帝会发展成一支强大的力量，形成了以洪秀全、杨秀清、冯云山、萧朝贵、韦昌辉、石达开为首的领导核心。道光三十年十二月初十(1851年1月11日，洪秀全的诞辰)，拜上帝会起义于清朝统治相对薄弱的广西金田，建号太平天国。后与清军在紫荆山区鏖战九个月，北上攻克永安州，出广西，入湖南，队伍日益扩大；又获得大批船只，建立水师，提高

◇洪秀全写的《原道救世歌》、《原道醒世训》、《原道觉世训》于咸丰二年（1852）编入《太平诏书》刊行。

了行军速度，进入湖北，攻克武昌，顺长江东下，破九江、安庆。咸丰三年（1853）攻克南京，定都于此，改名为天京。

◇太平天王诏书

定都天京后，建立各级政权，颁布规章制度，制定军法，申明纪律。《天朝田亩制度》规定废除土地私有制，将土地平均分配给群众耕种，建立农村公社式的社会基层组织，以达到农民理想中的“有田同耕，有饭同食，有衣同穿，有钱同使，无处不均匀，无人不饱暖”的社会。这种绝对平均主义是不可能实现的空想，太平天国以后也没有采取过分配土地的措施。但《天朝田亩制度》的提出，反映了世世代代农民对土地的强烈渴求，并在一定时期内起到了吸引广大农民参加斗争的作用。

石达开（1831～1863）

太平天国军事统帅之一。广西贵县（今贵港）人。少时慷慨有志，喜读《孙子兵法》。早年加入拜上帝会，与洪秀全、冯云山等共谋举义；金田起义后，被封为左军主将，旋封翼王。作战勇敢，被清方称之为“石敢当”。咸丰四年（1854），西征军失利，他奉命率援军前赴湖口，大败湘军，后困曾国藩于南昌。六年春，摧毁清军江南大营，共解天京之围。六年秋，天京爆发内讧，石达开奉诏回京辅政，合朝拥戴。七年夏，因受洪秀全疑忌，自天京分裂出走，率十余万众，转战浙、闽、湘、川等地屡受挫。同治二年（1863）夏，率部渡过金沙江，为大渡河所阻，被围，粮弹告罄，陷于绝境。他冀图“舍命以全三军”，投入清营，后不仅部属惨遭屠杀，自己也在成都遇害。

◇四川成都科甲巷石达开殉难处纪念碑

北伐与西征

太平天国的胜利进军使清王朝陷入极度的惊慌恐惧之中，清将向荣、琦善分别组成江南大营和江北大营，

◇赖文光在安徽发布的安民告示

在天京附近驻扎和窥伺。但腐败的八旗、绿营、募勇都不足以构成太平天国的重大威胁，太平军在天京站稳脚跟后，继续发动攻势，分兵北伐和西征。

北伐军由李开芳、林凤祥率领，经江苏、安徽、河南、山西至直隶（约今河北），屡败清军，前锋进至天津附近。但人数太少，远距离无后方作战，得不到增援，加以气候寒冷，衣食供应困难；而清廷调集大批军队聚集在北京附近，以众击寡，以逸待劳，北伐军不得已从天津南撤。天京方面虽然派出援军，但仓促招募，未经训练，在山东溃散。北伐军粮尽援绝，南撤到直隶的连镇和山东高唐州，终因众寡悬殊而失败。

太平天国进行北伐的同时，分兵西征，溯长江而上，占领安庆，围攻南昌，进入武汉，但在咸丰四年进军湖南时，遭到曾国藩湘军的顽强抵抗。

曾国藩（1811～1872）

晚清重臣，湘军的创立者和统帅。初名子城，字居武，号涤生。湖南湘乡人。道光十八年（1838）进士，历任内阁学士，礼、兵、刑、吏等部侍郎。咸丰二年（1852）仿明戚继光营制，招募乡民，编练湘军，镇压太平天国起义。十年，授两江总督，屡败太平军。同治三年（1864）六月攻占天京。曾国藩因之封一等侯爵。同治元年设军械所于安庆。后又和李鸿章在上海设置江南机器制造局，仿造外国军火，装备湘军、淮军。清代洋务运动自此开始。四年春，奉命督办直隶（约今河北）、山东、河南三省军务，北上镇压捻军，无功而返。病逝后，谥文正。他的古文、诗词也很有造诣，被奉为桐城派后期领袖，后人辑有《曾文正公全集》。

与湘军、淮军之战

曾国藩在太平军从广西进入湖南时，以礼部侍郎丁忧家居，旋奉旨组织团练。他纠集当地地主阶级的力量，在军事上别树一帜，创立湘军。多用湖南人，并以纲常名教笼络人心，对抗太平天国的宗教异端。将领大多是受程朱理学教育的儒生，士兵招募青壮年农民。将领自择营官、哨官，自募士兵，在军营中建立个人的隶属关系，形成了以族戚、同乡、同学为纽带的战斗力很强的地方军队。湘军还很重视水师，自造战船，购置洋炮，训练水手。此后，左宗棠统率的老湘军、李鸿章统率的淮军（用安徽人），其建军宗旨、编组原则基本上都和湘军一样。湘淮军是镇压太平天国、支持晚清政权的主要武装力量。

湘军

晚清曾国藩创建的一支军队。以湘乡练勇为基础在湖南编练而成。咸丰二年（1852）始练。将领大多是封建儒生，士兵为农民。兵由营官自招，全军只服从曾国藩一人。曾国藩治军重在思想纪律而不在技术性的教练，以儒家三纲五常的礼教、尊卑上下的等级制度与同乡共里的乡土观念维系官兵。湘军分陆军、水师两种。陆军和水师每营各五百人。不仅向外国采购洋枪洋炮，还自设船厂，仿造新式武器。湘军初战败于太平军，继在湘潭、岳州（今岳阳）获胜。其后势力大大扩充，成为镇压太平天国的清军主力，并先后攻陷安庆、天京，声势愈大。曾国藩为避免清廷疑虑，大量裁撤直系部队。湘军的兴起，使清代兵制发生了根本的变化。湘军在实际上取代绿营时，将帅自招的募兵制度便代替了国家经制的世兵制度，近代北洋军阀的起源，实始自湘军的“兵为将有”。湘军重要将领日后皆官至总督、巡抚等大员(整个湘军系统中位至总督的十五人，位至巡抚的十四人)，在晚清形成督、抚事权过重的局面。

左宗棠（1812～1885）

晚清军政重臣，湘军统帅之一。字季高，一字朴存，号湘上农人。湖南湘阴人。他先后充湖南巡抚张亮基、骆秉章幕僚，积极参与镇压太平军。咸丰十年（1860）随两江总督曾国藩襄办军务，于长沙编练湘军五千人，赴赣、皖、浙与太平军作战。十一年底，任浙江巡抚。同治元年（1862），率部攻入浙江，二年授闽浙总督。三年，陷杭州，继入闽、粤，在嘉应州（今广东梅州）镇压了太平军余部。任内创福州船政，时为清政府最大的新式造船厂；设求是堂艺局，培养造船及海军人才。五年，任陕甘总督，先后镇压西捻军和陕、甘回民起义。其间继续从事洋务，创办兰州制造局、甘肃织呢总局，后者是中国第一个机器纺织厂。同治四年间，阿古柏入侵新疆；十年，沙俄强占伊犁。左宗棠驳斥放弃新疆的论调，力主收复失地。光绪元年（1875），任钦差大臣督办新疆军务。二年，将阿古柏残匪逐出国境。之后，他出屯哈密，收回伊犁。中法战争爆发，他极力主战。十年，任钦差大臣督办福建军务，进驻福州前线，整顿防务，部署战守。次年七月病逝。谥文襄。著有《楚军营制》（附条规），其奏稿、文牍等辑为《左文襄公全集》。

◇李鸿章像

李鸿章（1823～1901）

晚清重臣，淮军创始人和统帅，洋务运动的主要倡导者。字子黻、渐甫，号少荃、仪叟。安徽合肥人。道光二十七年（1847）中进士，后改翰林院庶吉士，授编修，同时受业曾国藩门下。他以镇压太平天国和捻军起义有功，被清廷任命为大学士、直隶总督、北洋大臣，封肃一等毅伯，并执掌军事、外交、经济大权，成为清末权势最为显赫的封疆大吏。他对外执行妥协投降方针，代表清政权同帝国主义列强签订了一系列卖国条约。李鸿章在兴办中国第一批新式工业方面起过重要作用。他从19世纪60年代起创办军事工业，70年代起先后创设了江南制造局、轮船招商局等新式民用工矿业，并设洋学局、外国文字学馆，派遣出国留学生，以培养洋务人才。他宣扬“先富而后能强”的观点，主张以“官督商办”的方式兴办铁路、电报、轮船运输事业，开采五金煤矿，以开辟财源增加财政收入。

咸丰四年（1854）湘军与太平军战于湖南，太平军失利，节节败退。湘军夺取武汉，沿江东下。两军大战于江西湖口。石达开指挥作战，击败湘军，将其水师切断成两截。曾国藩困守南昌，太平军第三次占领武汉。接着，石达开经营江西，攻克了许多城邑，招收了大批天地会起义群众，实力大增。咸丰六年，太平军又击破了江北大营和江南大营。

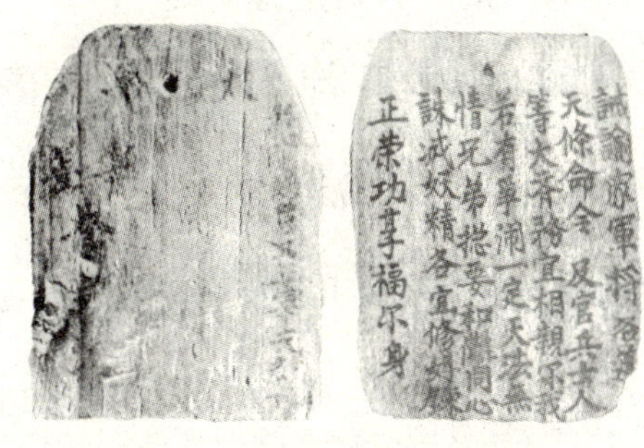

◇太平天国宰差李宗文的腰牌

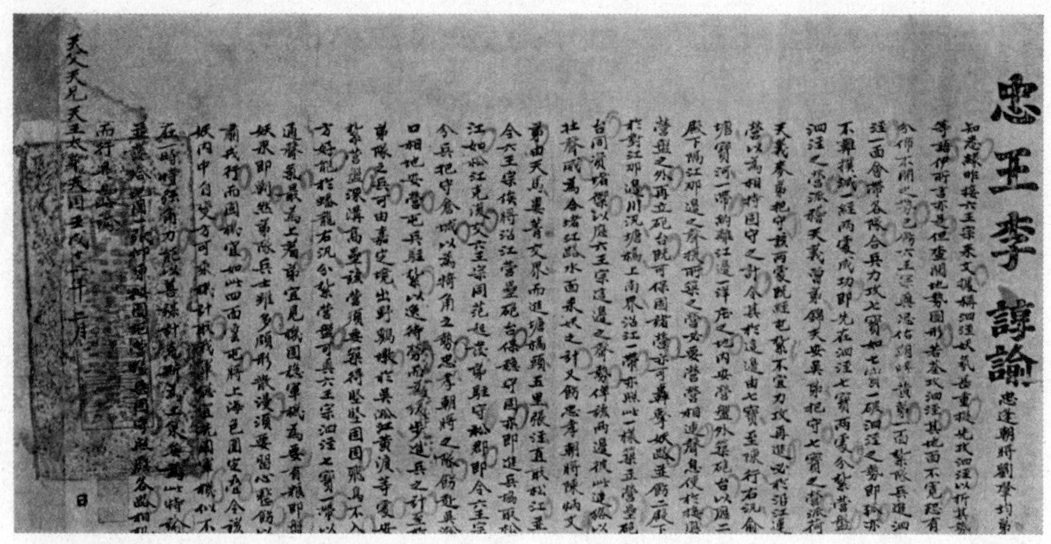
忠王李誥諭

◇太平天国忠王李秀成告谕

太平天国在军事上正处于顺境，内部矛盾却在激化。东王杨秀清大权在握，他虽然很有才能，建立了卓著的功绩，但骄奢日甚，凌虐同僚部属，甚至假天父下凡之名，要责罚洪秀全，并要逼洪封自己为万岁。北王韦昌辉表面顺从而积怨于心，他利用洪杨之间的矛盾，突然举兵杀死杨秀清，并株连杀害了许多无辜的将士，引起群众的愤怒。洪秀全顺从群众的要求，杀了韦昌辉。此后，石达开又遭洪秀全的猜忌，带兵出走，转战西南，最后在四川大渡河畔全军覆没。

太平天国内讧后，精锐尽丧，致使有利的军事形势发生逆转。重要城市武汉、九江、庐州（今合肥）、镇江相继失守。但在太平天国起义的影响下，各族人民纷起抗清。天地会、捻军、白莲教、云南和陕甘的回民，与太平军或联合作战，或遥相呼应，有力地支援了太平天国，使清军顾此失彼，穷于应付。而且清王朝内部矛盾重重，满族亲贵不信任曾国藩等汉族地方武装，不肯委以重任，给以事权。当时又正值第二次鸦片战争期间，清朝和外国侵略者处在敌对状态。由于这些原因，加之太平军后期将领士兵的勇敢作战，太平天国虽经内讧的创伤，尚能支撑危局，和清军长期相持。

捻军

太平天国时期北方的农民起义军。源于捻子（一称捻党）。“捻”为淮北方言，意即一股一伙。捻子是民间的一个秘密组织，成员主要为农民和手工业者。1853 年（咸丰三年），捻子在太平天国影响下发动大规模起义，史称捻军。捻军起义长达十六年，自 1853 年春至 1863 年 3 月为前期捻军，自 1863 年 4 月至 1868 年 8 月为后期捻军。1855 年秋，各路捻军在安徽亳州雉河集（今安徽涡阳）会盟，张乐行（张洛行）被推为盟主。1857 年春，捻军与太平军会师，此后以听分封

◇捻军使用的号角

不听调用为条件，接受太平天国领导，配合太平军作战，但不接受改编。太平天国失败后，余部与捻军成立联军，赖文光被推为首领。1866 年 10 月起，联军分为东西两军。清政府先后派曾国藩、李鸿章督湘军、淮军镇压捻军。1868 年，西捻被左宗棠平定，东捻被李鸿章剿灭。

当时，英王陈玉成、忠王李秀成等一批青年将领，具有指挥才能，作战身先士卒，能够辨认形势，团结盟军，故屡立战功，肩负起挽救危局的重任。咸丰八年(1858)，陈、李与捻军联合作战，攻破重建的江北大营，又在安徽三河全歼湘军精锐李续宾部。十年，大破号称有十万大军的江南大营，解除了对天京的包围。接着，乘胜东进，席卷苏常，攻克杭州，在江浙开辟了新的局面。

起义失败

太平天国军事形势虽一度好转，但政治日益腐败，纪律废弛，多次发生叛乱，将领各自为政，苦乐不均，败不相救。洪秀全深居宫内，不理朝政，刑赏不公，封爵冗滥，天京逐渐失去了权威。陈玉成、李秀成也受到猜忌。洪仁玕从香港来到天京，写了《资政新篇》，企图有所建树，但他的某些带有资本主义色彩的主张不被农民所理解。当太平军逼近上海时，和外国侵略者发生了冲突。先有美国人华尔组织的洋枪队帮助清军。以后李鸿章在曾国藩的荐举下，率淮军至上海作战，并聘用英国军官戈登组织常胜军；左宗棠率老湘军在浙江作战，也聘用法国军官组织常捷军。第二次鸦片战争刚刚结束，外国侵略者就插手中国的国内战争，枪口转向太平军。太平天国不仅要抗击以湘淮军为主力的清朝部队，还要抵御外国侵略军，局势更加困难。

洪仁玕（1822～1864）

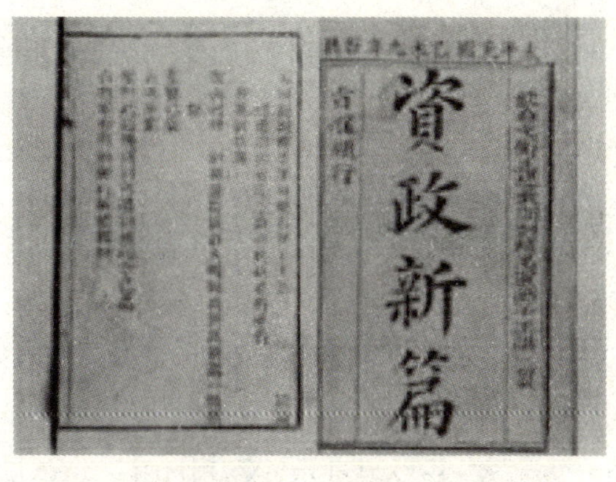

◇《资政新篇》书影

太平天国后期主要领导人之一。字益谦，号吉甫。广东花县人。洪秀全族弟。1843 年（道光二十三年）参加拜上帝会。曾在香港以教书为业，研读了欧美国家的一些自然科学和社会政治学著作，是当时接受西方资本主义影响较多的知识分子。1860 年 4 月至天京，被封为精忠军师、干王，总理政事。1864 年

7月天京陷落，10月于石城被清军所俘，11月于南昌就义。

咸丰十一年，天京上游重镇安庆经激烈争夺后失守，清军从四面八方逼向天京。陈玉成又在皖北被俘遇害，太平军的西战场瓦解。李秀成既要抵抗李鸿章、左宗棠的猛烈进攻，保卫苏州、杭州，又要和曾国荃作战，以解天京的围困，左支右绌，败局已定。他提出撤离天京、“让城别走”的建议，未被洪秀全采纳。形势日益对太平天国不利。同治三年（1864）四月，洪秀全逝世。六月，清军攻破天京，李秀成在突围时被俘遇害。幼天王洪天贵福也在江西被俘杀。太平军余部在李世贤、汪海洋的率领下转战江西、福建、广东，被清军击败，太平天国农民起义遂告失败。

全国范围的反清起义

太平天国起义期间，全国各族人民掀起规模浩大的反清大起义。起义地域广阔，民族众多，时间持久，斗争激烈，相互策应，声势为历史上所仅见。

◇清代上海小刀会铸造的货币太平通宝

早在太平天国起义爆发前夕，湖南、广东、广西的天地会十分活跃，山堂林立，起义队伍很多。这些零散的起义军，掩护了正在酝酿中的太平天国起义。太平军在金田崛起并北上进军后，各地掀起抗清高潮。其中著名的如上海小刀会起义，攻克上海和附近地区，战斗一年半之久，福建小刀会黄得美、黄位，红钱会林俊等起义，攻克漳州、厦门，使“全闽震动”；广东天地会陈开、李文茂起义，包围广州十个月，以后进入广西，建立大成国；广西天地会朱洪英、胡有禄起义军进入湖南、江西，一部分队伍参加了石达开的太平军。太平军进行

上海小刀会起义

◇上海豫园点春堂——小刀会起义的指挥部

1853～1855 年（清咸丰三年至五年）上海人民反抗清朝统治的武装起义。小刀会是天地会的支派之一。上海小刀会成员主要为上海的福建籍劳动人民和部分工商业主。1853 年，上海各支力量以小刀会名义结成统一组织，推举刘丽川为首领，准备起义。1853 年 9 月 5 日，周立春、

徐耀等在青浦首举义旗攻占嘉定。7日，刘丽川和陈阿林等在上海起义，随即成立小刀会政权，表示接受太平天国领导。清政府急赴镇压。起义军在上海坚守抗敌，曾宣布豁免三年赋税钱粮，并铸造货币，发展商业，保证粮食供应，打击高利贷，得到上海人民的拥护。清政府以出卖上海海关和租界主权做交换，换取英、美、法帝国主义支持。他们勾结起来围困上海，起义军被迫突围。部分义军加入太平军，其他流散各地。起义至此失败。

北伐，皖北捻军纷起响应。咸丰五年（1855），各支捻军公推张乐行为盟主，声势大盛。以后捻军与太平军联合作战，起到了为太平天国的西战场提供屏障的作用。天京失陷后，太平军将领赖文光等和捻军领袖张宗禹、任柱合作，在中原地区运用流动战术，屡败清军，击毙了清朝倚为长城的僧格林沁。以后，赖文光率领东捻，张宗禹率领西捻，分兵作战，直至同治七年（1868）失败。

僧格林沁（1811～1865）

清朝蒙古贵族出身的清军大将。博尔济吉特氏，科尔沁旗（今属内蒙古自治区）人。他是道光皇帝姐姐的过继儿子，道光五年（1825）袭科尔沁郡王爵，历任御前大臣、都统等职。咸丰五年（1855），他因镇压北伐太平军有功晋封亲王，并世袭罔替。第二次鸦片战争期间，僧格林沁为钦差大臣，加强大沽口海防工事。九年五月，挫败来犯的英法舰队。翌年夏，英法联军入侵。他迎战不利，大沽和天津失守。八月，又败于京东张家湾、八里桥，北京失陷。十月，僧格林沁复奉命南下镇压捻军。同治二年（1863），攻占捻军根据地，杀其领袖张乐行。捻军被迫流动作战。他穷追之，于四年（1865）五月在山东曹州（今菏泽）高楼寨之战中被捻军围斩。

太平天国期间，各地还有许多少数民族的起义，有力地支持了太平军。其中有广西僮族（编者注：僮族是壮族的旧称）黄鼎凤、李锦贵、吴凌云、吴亚终的起义军，曾和石达开密切合作；贵州的苗民在张秀眉的领导下，要求减赋，掀起大规模斗争，“千里苗疆，莫不响应”。直至同治十一年，贵州各族人民的起义才被入黔的湘军镇压下去。云南则在咸丰六年（1856）爆发了以杜文秀为首的回民

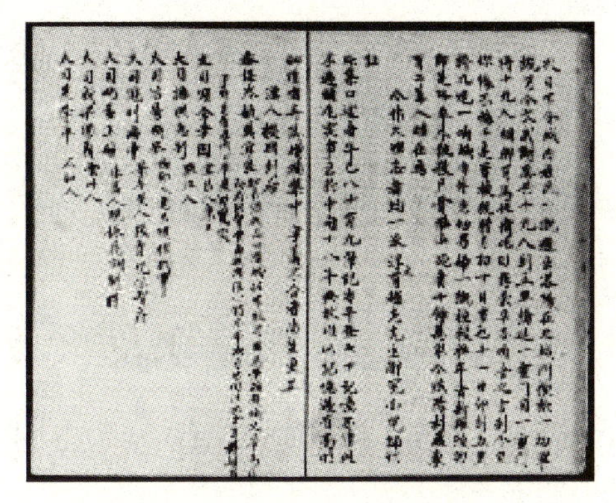

◇云南回民起义所建政权颁行的《职官录》

起义，起义军以滇西大理为据点，建立政权。同治十一年，清军攻陷大理，坚持十八年的云南回民起义失败。陕西的回民在同治初年发动抗清斗争，义军林立，号称十八大营，曾和太平军、捻军配合作战。此后，甘肃、宁夏、新疆的回族、维吾尔族也起而响应。清朝在平定捻军以后，派左宗棠进入陕、甘、宁，镇压了回民起义军。

这次各族人民反对清朝统治的起义规模很大，遍及全国。汉族和苗族、瑶族、回族、僮族、布依族、白族、彝族在反清的共同目标下，相互支援，协同作战，表现了各族人民反对清朝封建压迫的共同意志。

统治阶级内部的分化组合

两次鸦片战争及太平天国起义，使当时的中国社会发生了深刻的变化。咸丰、同治年间，清统治阶级内部各种势力的分化组合，就是这种变化的重要表现之一。

辛酉政变

《北京条约》签订后不久，清廷即发生了一场政变。咸丰十一年七月（1861 年 8 月），咸丰帝病逝于热河，其六岁的儿子载淳即位。载垣、端华、肃顺等受遗诏，赞襄政务。幼皇帝的生母慈禧太后企图揽权，使人上奏请求皇太后“垂帘听政”。载垣等人以“本朝向无垂帘故事”予以拒绝，故彼此发生严重的权力冲突。慈禧与留守北京的奕䜣合谋，在九月回銮北京时发动政变，将载垣、端华、肃顺逮捕处死。慈安和慈禧两太后垂帘听政，改年号为同治。奕䜣出任议政王大臣，辅理政务。从此，慈禧太后把持晚清朝政将近半个世纪。慈禧、奕䜣政权的建立，得到外国公使的支持。列强期待着这个政权将会更加服从自己的意志，有助于侵略势力渗入中国各地。

慈禧太后（1835～1908）

清咸丰帝奕詝之妃，同治、光绪两朝实际最高统治者。那拉氏，祖居叶赫，故称叶赫那拉。满洲镶蓝旗人。咸丰二年(1852)，被选入宫，得宠于咸丰帝。咸丰帝死后，被尊为皇太后，徽号慈禧，俗称西太后。辛酉政变后掌握实权。先后镇压了太平天国、捻军和苗民、回民起义，使清王朝的统治得到暂时稳

◇慈禧太后像

定。同治帝死后无子。她立其四岁侄（亦系外甥）载湉为帝，年号光绪，继续“垂帘听政”。光绪十五年(1889)，名义上归政于光绪帝，实际仍操纵内政和外交大权。甲午战争后与日本签订了丧权辱国的《马关条约》。她极力反对光绪帝的维新变法，并发动政变，幽禁光绪帝，废除全部维新措施。八国联军侵入北京后，与十一国签订了空前屈辱的《辛丑条约》。此后，陆续推行“新政”。光绪三十二年又宣布“预备立宪”。光绪帝死后，她命立溥仪为帝，年号宣统。次日，病死，结束了对清朝长达四十七年的统治。

◇奕䜣像

奕䜣（1832～1898）

清末重要大臣、洋务派首领。道光帝第六子，咸丰帝异母弟。咸丰二年(1852)，被封恭亲王。咸丰十年，英法联军攻逼北京，奉命为与英法议和的全权大臣，并与英、法、俄国签订《北京条约》。次年，奏请设立总理各国事务衙门，并受命主其事。同年，咸丰帝病死，与慈禧太后密谋发动辛酉政变，被封为议政王，掌管军机处及总理衙门。任内主张对外妥协，对内镇压农民起义，兴办洋务新政。镇压太平天国后，因与慈禧争权，被罢黜。旋复任军机大臣、总理衙门大臣等职。光绪十年（1884）中法战争时，又被罢一切职务。后家居十年。光绪二十年中日战争期间，起用管理总理衙门，并总理海军，会同办理军务。旋又督办军务，节制各路统兵大臣，授军机大臣。

辛酉政变

咸丰十一年（1861）咸丰帝病死后，慈禧太后联合恭亲王奕䜣发动的一次宫廷政变。以时在夏历辛酉年得名。又因改变祺祥年号而称“祺祥政变”，亦称“北京政变”。

兵权、财权下移

这一时期，政治格局的又一个明显变化是地方性汉族封建势力的崛起。湘淮军的许多将领在镇压太平天国的战争中立下了汗马功劳，晋升高官，其中不少人位列封疆，清朝前期由满人垄断地方督抚的局面有极大的改变。晚清的中央政权虽仍由满族亲贵领衔掌权，保持着大一统的中央集权外貌，但汉人在中枢和地方的实力增强，清政府不得不更多地依赖地方汉族地主势力的支持，故政治离心力显著增强，地方对中央的号令、政策推宕拖延，阳奉阴违，自行其是。

◇清政府在咸丰十一年（1861）建立神机营，神机营衙门设于北京煤渣胡同，今址无存。图为位于北京丰台的南苑神机营驻地遗址。

中央和地方、满族和汉族的权力消长表现在兵权和财权方面。清朝原有的八旗、绿营等常备兵号称八九十万人，但有名无实，有饷缺兵，已蜕化成毫无战斗力的乌合之众。太平天国被镇压后，湘军虽然解散，但各省大约仍有五十万由湘淮军演变来的“勇营”，编组和指挥的权力在总督、巡抚手中。清朝中央竭力“强干固本”，组织神机营，企图重建八旗武力，又加饷训练京兵，但并无实效。清廷三令五申，要求各省“裁勇节饷”，各地均以“地方不靖”、“伏莽可虑”为借口，反对和抵制裁勇，致已经下放到地方的兵权不可能再收归清朝中央。

兵权下移的同时，财权也在逐步下移。清代的地方财政本有一套严格的拨估、协解、奏销制度，全国财政大权集中于户部，地方并无独立的财政。太平天国战争期间，清廷财穷力竭，不能发放军饷，督抚将领均就地筹饷，不再受户部控制，也不能按照原来刻板的则例报销。同时，财政收支的内容发生了很大变化。收入方面，关税、厘金、洋药土药（鸦片）税大量增加，超过了传统的地丁大宗收入；支出方面，赔款以及地方的勇饷、洋务、善后等新开支激增。财政内容的变化，反映了社会经济和政治的变化。旧的章程则例不能适合新的财政内容，故财务制度陷于混乱。督抚掌握地方财政，自行支配，户部连各省收支的项目和总数也不清楚，更不可能进行财政的统筹和监督。清政府再三颁布“总核天下度支”、“统筹饷需”、“开源节流”的办法，但几纸命令不可能使地方把既得利益拱手奉还给朝廷。

厘金

中国自清代至中华民国初年征收的一种商业税，因其初定税率为1厘（1%），故名厘金。又称厘捐、厘金税。太平天国运动兴起后，清廷在江苏一些乡镇劝商捐厘助饷（名为厘捐），以济军需。湖南、湖北等省相继仿行，数年间便推及全国。初办之时，只在水陆要道设厘局征收，后在各地多设分局，使厘金有害国害民恶税之称。厘金按其课征品种，可分为百货厘、盐厘、洋药厘、土药厘四类。其中百货厘举办最早、最广；行厘是厘金收入的主要部分，对商品流通的危害最大。光绪年间(1875～1908) 多数省的厘金税率达 5%以上。1931 年 1 月，南京国民政府宣布裁撤厘金，沿袭七十余年的厘金制度被废除。

洋务派的形成

清朝政府被迫打开了中国的门户，逐步改变其制度、政策。洋务派官僚集团应运而生，其主要代表人物有奕䜣、李鸿章、张之洞等。他们改变了某些传统观念，一是认为外国入侵中国不过是要求通商，并非要推翻现存政权，所以和外国作战并无必要，也不可能战胜。为此他们执行对外妥协的外交。二是主张学习外国的某些长处，以辅助封建主义之不足。他们的主张和措施遭到各方面的猛烈反对，但洋务派在日益频繁的对外交涉、创建海军以及工商活动中积聚起了实力。

张之洞（1837～1909）

◇张之洞像

清末重臣、洋务派首领之一。字孝达，号香（芗）涛，晚年自号抱冰老人。直隶南皮（今属河北）人。咸丰二年（1852）顺天府解元，同治二年（1863）探花，入翰林院授编修。同治六年后历任浙江乡试副考官、湖北学政，四川学政、内阁学士兼礼部侍郎、山西巡抚、两广总督和湖广总督等职。光绪三十三年（1907）起任军机大臣，兼管学部。张之洞是唯一能与李鸿章抗衡的洋务派首领。他在四十多年的仕宦生涯中，没有中断过兴学育才的教育活动，创办农工商、铁路、师范等新式学堂，并多次派遣学生赴日、英、法、德等国留学。“中学为体，西学为用”（其实质是以西方的知识技艺来维护清王朝的封建统治）是张之洞的基本思想。

李鸿章的北洋集团在 19 世纪后期居重要的支配地位。他本人任直隶总督、北洋大臣二十余年，经办晚清

◇江南制造局内景

海军、陆军的编练，枪炮、机器的购造，轮船、工厂、矿山的开设，以及对外交涉、条约谈判。在他周围，聚集了一批军人、政客、企业家、知识分子。他们希望在军事、经济、外交、教育方面作一些枝节的变革，达到“富国强兵”的目的。创办新式企业，引进武器装备，虽不能挽回清政权的颓势，但在客观上为进一步的变革准备了条件。

◇汉阳铁厂是中国近代最早的官办钢铁企业。1890 年由湖广总督张之洞主持兴建，1893 年 9 月建成投产。

除李鸿章的北洋集团外，洋务派尚有奕䜣、曾国藩、左宗棠、张之洞等。奕䜣集团出现最早，且因和英法联军议和、支持慈禧上台而立功，掌握中枢权力二十余年，但这一集团缺乏实力和人才，后来与慈禧失和，在中法战争中下台。曾国藩是洋务主张的倡导者，因去世较早，没有进行更多的活动。左宗棠集团以福建和西北为据点，创办了福建船政局等重要事业，主张积极抵抗外国的侵略。左宗棠曾亲率大军，跋涉西北，收复新疆，为祖国的领土完整作出了贡献。张之洞洋务集团崛起较晚。他本人出身于“清流”文官，并未掌握军权和外交，活动主要是创办了各种企业，集中在武汉一地。他无曾、左、李诸人的实力和影响，主张文治，倡导“中学为体、西学为用”，为洋务运动制造理论的根据。

洋务派的主张和活动遭到封建顽固派的激烈反对。奕䜣等在北京创设同文馆，学习西方的语言文字、科学技术，引起理学大臣倭仁的攻讦。李鸿章的各种活动经常受到指责和弹劾。例如，关于铁路的争议，从光绪六年提出建造铁路干线的建议以后，洋务派认为铁路具有重大的经济和政治价值，有利于巩固封建统治；而顽固派认为修筑铁路将带来生活的灾难性变化，是封建统治的祸殃。尽管争论双方都企图维护封建制度，但道路和方法不同。争论持续了十年，结果拖延了时间，丧失了机会，中国的铁路建设长期停留在争论阶段而踏步不前。

同文馆

清末培养翻译人员的学校。亦称京师同文馆。同治元年（1862）在北京设立，附属于当时成立不久的总理各国事务衙门。先后设置英、法、俄、德、日文及算学等馆，学习各国语言文字及天文、数学、物理、化学、地理、金石、万国公法等知识。学生人数最多时保持在一百二十名左右。起初仅从十三四岁的八旗子弟中招生，学制为八年；后也从旗外汉人中招生，学制为五年。学生最后两年必须译书，教习也多有译著。译书质量高者，给予适当奖励。光绪十二年（1886），设纂修官二人，负责编辑出版事务。各种书籍均自译、自编、自印，并免费分发国内官员。译书中著名的有美国人丁韪良翻译的《万国公法》，中国人杨树、张秀合译的《世界史纲》等。光绪二十八年，并入京师大学堂。

外国侵略势力的深入

19 世纪 70 年代，自由资本主义向帝国主义过渡，导致争夺殖民地的斗争更加激烈。老牌的和新起的殖民主义者利用两次鸦片战争击败中国的有利条件，对衰弱的中国鹰睃虎视，寻机择肥而噬。

侵略边疆

首先是俄国，以《北京条约》中关于勘分西北疆界的规定，和清政府在塔城谈判，使用蒙骗和威胁手段，把侵略条款强加于中国。同治三年（1864）签订的《中俄勘分西北界约记》，割去了巴尔喀什湖以东约四十四万平方千米的中国领土。

同治四年，浩罕汗国（1876 年被沙俄吞并）的军官阿古柏在英国支持下，利用新疆混乱的局势，侵占南疆，建国称汗。十年，俄国以清朝不能安辑地方为名，出兵侵入伊犁，名为“代管”而久占不去。光绪初，左宗棠率兵进入新疆，阿古柏战败自杀。三年（1878），清军收复南疆。清朝派崇厚前往俄国，索还“代管”的伊犁。俄国玩弄花招，勒索更多的权利，崇厚受欺弄擅自

◇清代《新疆图说》

签约，舆论大哗。清廷改派曾纪泽前往俄国，要求改约。光绪七年签订《中俄伊犁条约》，虽索回了伊犁并稍稍争回了一些利益，但中国丧失的领土仍达七万平方千米之多。清政府收复新疆后，招集流亡，兴修水利，奖励耕垦，努力治愈长期战乱的创伤。光绪十年建立行省，与内地行政制度统一起来。

当时日本明治维新刚刚发端，即效法西方殖民主义，对中国进行侵略。同治十三年（1874），以琉球人被台湾土人所杀为借口，派兵在台湾登陆，对清政府勒索讹诈。清廷妥协退让，赔款乞求日本撤兵。为了保卫海疆，光绪十一年（1885）台湾建为行省，这一措施促进了台湾政治、经济和防务的发展。但十年后中日甲午战争中国失败，台湾又被日本所攫夺。

英国和法国则为争先打开中国西南的门户而进行争夺。英国为了打通缅甸至云南的通道，派遣近两百人的探险队，持枪执械，闯入云南，遭到当地民众的反抗，英国译员马嘉理被杀。英国公使借机勒索，态度蛮横，提出许多无理要求，并出动军舰，以战争相威胁，迫使清政府于光绪二年签订《烟台条约》。条约除了赔款、道歉、开放云南边境贸易外，还涉及税务、外交特权以及准许英人进入西藏的条款。英国据此而组织武装力量入藏。光绪十四年，英军进入西藏边境，西藏军民奋力抗击侵略军，但清政府极力妥协，与英国签约议和，为英国势力的入藏提供了便利。

侵犯主权

在侵略中国边疆地区的同时，外国侵略势力还以不平等条约为口实，极力扩大在中国的种种特权，并企图从各方面对清政府施加影响。根据条约中外国使馆长期驻京的条款，许多国家的公使聚居在紫禁城边，对清政府颐指气使，施加压力。上海、天津、汉口、九江等处先后开辟租界，侵略者在那里划地界，修道路，设官署，颁法令，建货栈，使中国的土地上出现了许多独立于清政府管辖之外的殖民主义小王国。挂着外国旗子的轮船满载着舶来的商品闯关越卡，免除厘税，行驶在中国的内河。外国传教士纷纷活动，深入中国的穷乡僻壤。侵

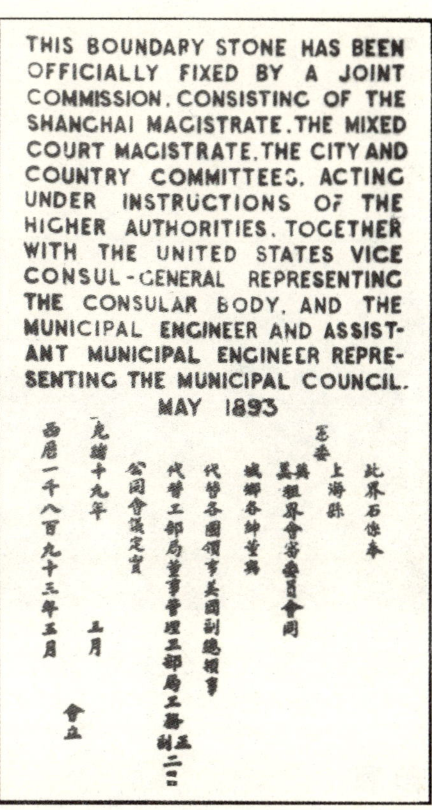

◇上海英美租界碑

略势力希望利用清政府帮助自己掠夺更多的权利，镇压人民的反抗，所以在两次鸦片战争后，转而对清政府采取庇护、“合作”的政策。一方面，要求清政府在制度、政策方面作适当的修改变化，以适应外国的侵略需要；另一方面，向清政府提供武器，竭力支持这一腐朽政权。

◇上海英美公共租界

租界

帝国主义列强根据和中国清政府缔结的不平等条约，以居住和经商为名，在通商口岸和城市永久租用的地段。最早在中国取得租界的是英国。其后列强纷纷在上海和中国其他城市划定租界，并在租界内行使行政管理和司法管辖权，形成“国中之国”，严重破坏中国主权。曾在中国设租界的有英、法、日、俄、美、德、奥、意、比等国。第一次世界大战后，中国人民掀起了废除不平等条约运动，收回租界是其主要目标之一。至抗日战争胜利后，废除日租界，帝国主义在中国的租界全部收回。

◇日本在天津的租界

列强改变和控制清政权的一个重要步骤，就是咸丰十一年（1861）总理各国事务衙门的设立。奕䜣任总理大臣，管理对外交涉兼及通商、条约、海军、关税和铁路、开矿等事，权力广泛。同时，又设立了南北洋通商大臣。从此，列强可以甩开地方官吏层层的拖延、阻挠，直接和清朝的最高层打交道。洋务派官僚即产生于这些新设立的衙门。

◇总理各国事务衙门

同治十三年（1874），皇帝亲政，在列强的压力下，不得不以平等礼节接受各国公使的觐见，放弃了要求外国来使必须向中国皇帝跪拜叩头的礼仪。同时，也开始向外国派遣使节。马嘉理案件发生以后，光绪二年（1876）郭嵩焘作为道歉的专使前往英国，此后常驻伦敦，成为中国第一个驻外公使。以后陆续在欧美各国设立使馆，派遣公使。清政府在倍感屈辱、很不情愿的情况下，勉强参加国际社会交往，进行外交活动。外国侵略者攫取中国主权的一个重要手段，就是长期控制中国的海关。海关总税务司一职一直由英国人赫德担任，各口岸的海关税务司全部任用外国人。海关大权旁落，为外国商品的倾销和人员的出入打开了方便之门。由于进出口贸易急剧增加，关税收入大增。清政府在财政穷竭、常年入不敷出的情况下，有外国人管理的海关提供经常的、有保证的财源，因此越来越仰赖帝国主义。赫德对清政府的影响很大，许多重要对外交涉由他操纵，甚至直接干预清朝的内政和官吏任免。

◇郭嵩焘（1818～1891），中国第一个驻外公使。

海关税务司

中国丧失海关行政权以后外国主持中国海关行政的首脑名称。名为中国海关监督雇佣之人，实际是中国海关的主宰。1854 年 7 月 12 日，中国历史上第一个外国税务司在上海出现，执行中国海关行政的权力。上海海关税务司成立后，十年之中，税务司制扩展到广州、汕头等十三个通商口岸。1861 年在各关税务司之上，又设立一名总税务司。各级税务司完全听命于外国公使和领事，中国地方官甚至连将军、总督都无权加以管束。总税务司在海关范围以内，享有绝对的统治权。海关税务司的统治延续了将近一个世纪，民国期间开始关税自主。1950 年，海关税务司才真正结束。

人民的反抗斗争

面对外国资本主义势力的侵略，中国人民进行了坚决的反抗，主要表现之一是遍及全国、延续时间很久的自发的反洋教斗争。这种斗争具有广泛的社会基础和号召力。当时，不少外国传教士深入中国内地，修建教堂，招收教徒，且有些教士、教徒利用特权，横行不法，鱼肉百姓，引起人民的愤慨和反抗。一些官吏、地主和知识分子也纷纷参加，致使斗争变得极为复杂。19 世纪下半叶，各地的反教会斗争连绵不绝，其中较大的有同治年间的贵州教案、四川酉阳教案、天津教案；光绪初年长江下游各地的教案；中法战争期间西南地区的教案以及甲午战争前四川余栋臣、热河金丹道发动的斗争。越到后来，规模越大，反洋教斗争和反清斗争逐渐有结合的趋势。秘密结社的参加，武装起义的频繁，成为19世纪末反洋教斗争的特色。

◇天津教案遗址——天津望海楼教堂

清统治危机的加深

近代工业与新阶级的产生

19 世纪下半叶，中国对外贸易发生了重大变化。鸦片战争以前，中国进出口贸易总值每年不超过银两千万两。光绪二十年（1894）增加到银两亿九千万两，即半个世纪增长近十五倍。其中进口的增长尤其迅速。这年

◇英国怡和洋行设在上海的一家轮船公司

进口值一亿六千万两，出口值一亿二千万两，入超四千万两，相当于清政府当年财政总收入的一半，因而赤字巨大。而且这种不利的贸易趋势继续发展，到民国元年(1912)，即清朝覆亡这一年，对外贸易总值增至银八亿四千万两，十八年间又增加三倍。其中进口值四亿七千万两，出口值三亿七千万两，入超达一亿两。

外国输入的主要商品是棉纱和棉布。其纱布价格低廉，大量倾销，中国传统的纱布手工业受到严重打击，手工业作坊闭歇，农户失去副业，造成生计艰难。中国输出的主要商品茶和生丝的市场，操纵在外国资本家手中，特别是以后印度、锡兰推广种茶，日本发展缫丝，中国传统丝茶业遭到激烈的竞争，至20世纪已一蹶不振。

外国商品输入和中国农产品输出，促进了国内商品经济的活跃，使市场迅速扩大。同时，传统手工业的崩解又使大批农民手工业者破产失业，这就给资本主义的生长提供了市场和劳动力的条件，近代机器工业应运而生。

近代工业发展艰难

中国土地上的机器工厂最初是由外国人投资创办的。大批外国船只运货来华，需要停泊检修，因此在上海、广州、香港等地出现了一些外资的船舶修造工厂，如上海的耶松船厂。以后，由于出口农副产品需要加工，在缫丝、制茶等行业中也出现了外资工厂（见外国在华工矿企业）。但中日甲午战争之前，清政府不准许外商公开设厂，加之上述工厂仍属于修理、加工性质，因此，中国近代机器制造工业实开始于镇压太平天国时政府创办的军事工业，如上海的江南制造局、南京的金陵机器局以及福建的船政局等。这些军事工业是官办企业，资金由清政府拨付，机器设备、生产技术则依靠外国，聘用“洋匠”，生产的枪炮、军舰、弹药直接调拨给军队使用，不计算产品价值，不参加市场交换，企业本身没有从利润转化来的资本积累。这些企业内，贪污浪费惊人，效益很低，冗员充斥。清政府虽耗费了大量资金，官办军事工业仍难以存在和发展。

外国在华工矿企业

鸦片战争后外国资本在中国开办的工矿企业，其发展可以光绪二十一年（1895）中日甲午战争为界，分前后两期。总计从鸦片战争到甲午战争五十余年间，外商先后开办过一百余家工业企业，资本共近两千万元。这些工业均为外商利用权势和清政府的无能而非法设立，并无任何法律或条约根据。从甲午战争到辛亥革命的十七年间，外国在华开设的资本在十万元以上的工厂和大小矿场即有一百二十家，资本近一亿元。工厂中，除已形成垄断的船舶修造业继续扩张外，投资最多的是纺纱业、卷烟业和食品工业。公用事业有水、电、煤气、电车，其中电力发展最快。外资企业受帝国主义在华特权庇护，纳税上并有优惠，故大多利润优厚，积累甚快。

稍后，近代工业逐渐在运输、采矿、纺织等行业中萌生，如上海轮船招商局、直隶开平煤矿、台湾基隆煤矿、上海织布局等。这些企业都由官府和商人合作，或为官商合办，或为官督商办。在政府支持下，能有一些优惠和特权，如贷款、减税、专利等，但官府势力渗入企业内，遗患无穷，在人事任用、经营管理、利润分配上，都存在着一系列问题。官商间发生严重摩擦，企业得不到正常发展。历史经验证明：官商合办、官督商办严重窒息了近代工业的活力，阻碍了社会经济的发展。

官办企业

19 世纪 60 年代以后，由清政府指派官员，筹拨创办费和常年经费，雇佣工人使用机器或机械动力进行生产的企业。其中，军事工业占有很大比重，民用企业只占很小部分。同治四年（1865），清政府在上海创建了江南制造总局，至宣统三年（1911），在全国范围共创建了二十六个军用企业。官办军事企业的产品不投入交换，属于非商品生产。它的兴办、扩充或闭歇，经费来源，产品分配以及主要主持人的任命和变动，都必须听从清政府的决定。官办军事企业从设计施工、机器装备、生产技术，直到原材料和燃料的供应，大多依赖外国势力的支持。清政府到19世纪70年代也曾设立若干民用企业，分布在采掘、冶炼和棉、毛、纺织等经济部门。

纯粹商办企业最早在一些加工企业中发生，如缫丝业、制茶业、碾米业、纺织业等。甲午战前，资本不多，规模较小。甲午战后，商办工厂逐渐增加，从光绪二十一年至民国二年（1895～1913）的十八年间，共设立厂矿五百四十九个，资本总额达一亿二千万元。其中官办、官商合办、官督商办的企业八十六个，资本额约三千万元，其他均为商办的厂矿。民族资本主义工业绝大部分是轻工业，尤以纺织业所占比重最大。其他则为矿冶、面粉、卷烟、金属加工等行业。较大的工厂有张謇创办的南通大生纱厂等，祝大椿创办的上海源昌碾米厂、缫丝厂等，张振勋创办的烟台张裕酿酒公司，聂缉槼创办的上海恒丰纱厂，无锡荣氏兄弟创办的面粉厂、纺织厂，华侨简氏兄弟创办的南洋兄弟烟草公司。总的来说，中国近代民族工业的发展极为缓慢，在创办过程中碰到一系列困难。

张謇（1853～1926）

中国近代实业家、教育家，立宪派首脑人物。字季直，号啬庵。江苏南通人。光绪二十年（1894）中状元，授翰林院修撰。甲午中日战争后，他立志兴办教育，振兴实业，认为这是“富强之大本”。光绪二十五年他在南通创办大生纱厂，后又在崇明、海门等地办起大生二厂、三厂、八厂。张謇兴办各级学校，如习艺所（技术学校）、师范学校和小学。他兴办了南通学院，培养了大批高级技术人才。其中不少人后来成为中国纺织界、农学界和医学界的骨干力量。他还筹建了电厂、榨油厂、酿造厂、火柴厂、电灯公司、电话公司、

◇张謇像

银行，发展蚕桑、盐业和渔业，形成规模庞大，自成体系的资本集团。

中国工业发展的困难主要来自帝国主义和封建主义。中国的近代工业，从机器、技术甚至某些原料都要依赖外国，但又和外国存在着矛盾。帝国主义倾销大量商品，夺去了中国民族工业的市场；它们又在中国设厂制造，资本雄厚，实力强大，弱小的中国工业面临其强有力的竞争，难以立足。许多创办不久的中国企业亏损严重，或者倒闭，或者被外资并吞。清朝封建政权奉行压抑工商的传统政策，所行厘金税，税制混乱，征收苛重，税率和征收地点、征收范围均无明确规定，逢关抽厘，遇卡留难，亦成为工商业的重大负担。中国又缺乏正常的金融市场，借贷利率很高，资金筹集困难，企业资金不易周转。还有封建官府的勒索，地方士绅的刁难。这些都使近代民族工业遇到极大的阻力，其诞生和发展经历了漫长而痛苦的过程。

早期资产阶级和无产阶级的出现

新经济的产生和初步发展，导致中国的资产阶级和无产阶级得以出现。

中国资产阶级的前身是封建社会里的一部分商人、地主、官僚，还有通商口岸的买办。他们开始投资于近代工商业，向资产阶级转化。在他们身上，封建性极为浓厚，有的人本身就是大官僚、大地主，他们开办工厂矿山，由清政府保护，利用了政治特权；另一些投资者和清政府关系稍疏远，也要仰政府的鼻息，本人则捐买官衔，挤进官场以提高自己的地位，便于企业的活动。资产阶级又和帝国主义有密切关系。他们的机器设备来自外国，生产技术依靠“洋匠”，经营管理借鉴外国工厂，有的企业甚至原料来源、产品销售、资金筹集也离不开外国。但另一方面，中国幼弱的近代工业又受到帝国主义、封建主义的沉重压迫，不能正常发展。因此，新兴的资产阶级又和帝国主义、封建主义存在着矛盾。

买办

受雇于外商并协助其在中国进行贸易活动的中间人和经理人。鸦片战争前，在广州经理对外贸易的公行中就已设置买办为外商服务。买办与外国在华洋行之间立下保证书与合同后，即可得工资、佣金收入。在买办的全部收入中，佣金所占比例有限，其利用职务之便，独立经商、投机倒把、走私偷税以及敲诈勒索所得甚巨。

◇清末上海买办们的一次聚会

买办往往成为洋行业务的实际经理人或外商“代理人”。外国商人与封建官僚通过买办建立密切联系。得到外国商人庇护及封建政权支持的买办势力庞大，甚至有些地区的征税大权均落入买办巨商手中。在中国社会半殖民地化的过程中，买办无疑起着重要的作用。

除了一部分商人、地主、官僚向资产阶级转化外，一部分农民和手工业者也转化成为无产阶级。鸦片战争以后，外商在中国通商口岸设厂，这些外资企业中出现了中国最早的产业工人。此后清政府和私人陆续投资设厂，中国无产阶级的人数日益增加。估计中日甲午战争以前已有十万人，到清朝覆亡时已发展到六十万人。

中国的无产阶级不但要受资本主义的剥削，而且首先要受帝国主义、封建主义的压迫。他们工资极低，工时很长，工作条件恶劣。很多工厂任用封建把头，使用暴力、刑具惩罚工人。他们处在社会最底层，受压迫最重，斗争最英勇坚决。由于外资或中国的工厂都设立在沿江沿海的大城市中，中国无产阶级也就集中在上海、广州、天津、汉口等地。从行业说，纺织、缫丝、采矿、海员、铁路工人的数目最多。无产阶级在全国总人口中的比例还很小，但它集中在新式企业中，代表新的生产力，因此最有生机和前途。在清朝灭亡以前，中国无产阶级还没有独立地登上历史舞台，但追随着资产阶级革命派，已显示出巨大的声势和潜力。例如，中法战争中，香港工人拒绝法国军舰到香港停驻而发动了一个多月的总罢工，使繁华的香港陷于瘫痪；辛亥革命中，上海和汉阳的工人支援起义，参加战斗，成为旧民主主义革命中的重要力量。

中法战争、中日战争

继两次鸦片战争之后，帝国主义又对中国发动了一系列侵略战争。有光绪十年（1884）的中法战争，二十年的中日战争，二十六年的八国联军入侵。

中法战争

法国一直觊觎中国的西南边疆，企图以越南为跳板侵入中国的广西、云南。当法国侵占越南的许多地方、强迫越南签订不平等条约时，越南国王遣使向清政府求援。光绪八年至十年，清政府一方面做出援越姿态，一方面寄希望于通过谈判解决问题，致使中国军队处于被动挨打的地位。光绪十年七月初三（1884 年 8 月 23 日），泊于马尾的中国福建舰队遭法舰袭击，十一艘军舰在很短的时间内全部被击沉，官兵伤亡达七百余人，因而花费了大量金钱和时间所建立的福建海军，被清朝的妥协政策所葬送。至此，清政府不得已才下诏宣战。中国军队在台湾、镇海等地遏制了法国的海路进攻。

◇中法战争中，刘永福率黑旗军、岑毓英率云南军共同抵御法国军队。

光绪十一年二月初，清军在广西边境要隘镇南关（今友

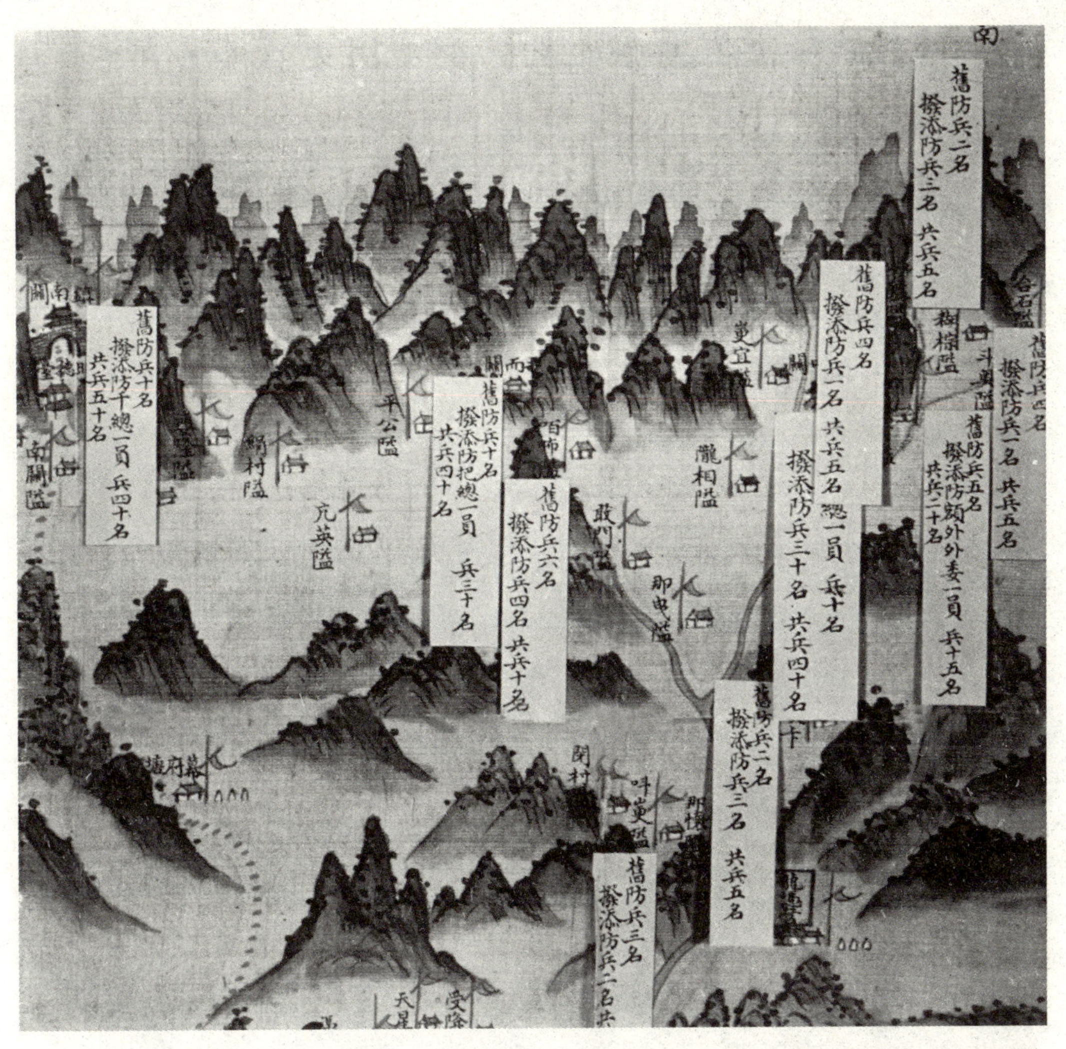

◇镇南关清军布防图。镇南关大捷使清朝军队在中法战争中转败为胜。

谊关）前和法国侵略军展开了激战，击毙法军一千多人，法军全线崩溃。清军挥师追击，攻下谅山、文渊，法军纷纷向南逃窜。镇南关大捷引起了巴黎的政潮，法国茹费理内阁因侵略战争失败而倒台。但在前线大捷、中国军队正在战场上胜利推进时，清政府竟宣布停战缔约，授权李鸿章签订和约，承认法国占领越南，在广西、云南边界开辟商埠，并规定中国以后在此修建铁路时向法国商办，为法国侵略中国的西南地区打开了门户。

中日甲午战争

日本在明治维新以后不久，即侵略中国，曾一度入侵台湾。又把侵略的矛头指向朝鲜，强迫朝鲜政府签订不平等条约，旨在以朝鲜作跳板，入侵中国。

光绪二十年（1894）朝鲜发生东学党起义，清政府应

◇清光绪二十年（1894），日本出动陆海军八百人在仁川登陆，直扑汉城（今韩国首尔）。

朝鲜国王的请求，派兵帮助镇压。日本乘此机会，动员海陆军开到朝鲜，并不宣而战，在海上和陆路向中国军队大举进攻。清政府被迫于光绪二十年七月初一（1894 年 8 月 1 日）下诏宣战。清军在平壤集结，设防据守。日军分四路进攻，清将左宝贵率部力战，英勇牺牲，但其他将领却不战而逃，退过了鸭绿江。日军乘胜侵入中国的东北，进占安东（今辽宁丹东）、九连城、长甸、宽甸、金州、大连、旅顺等地。日本舰队又在鸭绿江大东沟外的黄海海面袭击中国舰队，双方激战达五小时之久。中国海军官兵英勇奋战，邓世昌、林永升等以身殉国。战斗结果，中国失利，日本海军亦受重创。此后，李鸿章命令北洋海军躲藏在威海卫军港内不许出战，造成束手待毙的局面。日本陆军在山东半岛登陆，威海卫陷入包围之中。日军从海面和陆地开炮轰击，中国海军陷入绝境，水师提督丁汝昌自杀。在此战中，北洋海军全军覆没。

丁汝昌（1836～1895）

晚清北洋海军提督。字禹廷。安徽庐江人。早年参加太平军，后叛投湘军，不久改隶淮军，参与对太平军和捻军作战，官至记名提督。清光绪五年（1879），被李鸿章调北洋海防差用。光绪十四年出任北洋海军提督。

◇丁汝昌像

在任职期间对北洋海军和北洋海防的建设呕心沥血，严于律己，但整肃军纪不够严厉，贪腐严重。光绪二十年八月黄海海战中所率北洋舰队遭受重创，被革职留任。随后在威海卫之战中，指挥北洋舰队抗击日军围攻，但未得到上级命令，无奈港内待援，致北洋海军陷入绝境。弹尽粮绝后又无援军来援的希望，拒绝日本逼降，服毒自尽。

◇甲午战争中的威海卫海战图

战争进行中，慈禧太后和李鸿章始终抱妥协的方针，乞求日本谈判。日方不允。战争即将结束时，在日本的军事压力下，李鸿章以全权代表的身份赴日接受投降条件，签订了《马关条约》。条约规定割让辽东半岛和台湾给日本，赔款银二亿两，允许外国人在中国开设工厂等。

列强瓜分中国的危机

《马关条约》签订后，形成了帝国主义瓜分中国的危机。

《马关条约》中的条款之一是把辽东半岛割让给日本，这引起了视中国东北为其禁脔的沙俄的强烈不满。俄国纠集了法国、德国，要求日本放弃对辽东半岛的领土要求，否则将“采取共同的军事行动”。日本无力对抗，决定对俄让步，把辽东半岛归还中国，但索取赎地银三千万两。三国干涉还辽加剧了帝国主义在中国的矛盾和争夺。俄国与英国是当时争霸中国的主要力量，并且因俄国“还辽”有功，清

◇《马关条约》谈判地点——日本马关（今下关）春帆楼

政府对之感恩戴德。光绪二十二年（1896），俄国沙皇加冕典礼，清政府派李鸿章为特使，赴俄参加庆典，与俄国签订了《中俄密约》。该约在共同防御日本的幌子下，允许西伯利亚铁路通过中国境内以达海参崴（今俄罗斯符拉迪沃斯托克），俄国有在沿线开矿建厂、设置警察的权利。

◇“海参崴”，来源于满语，因盛产海参而得名。清咸丰十年（1860）中俄《北京条约》签订后被划归俄国。

《马关条约》的另一条款是赔偿银二亿两，并加上赎辽费三千万两。清政府每年财政收入仅八千万两，自然无力偿付，只得向帝国主义借债赔款。英国和俄国为取得贷款的权利而展开激烈争夺。结果，俄国联合法国取得第一次贷款权，英国联合德国取得第二次和第三次贷款权。三次贷款总额折合银三亿两，利息重，回扣高，并以关税、盐厘作抵押担保。此后，清政府经常借贷度日，以各种主权作抵押。借款大多用于偿付赔款、购买军火、财政开支及修筑铁路。到清朝末年，债台高筑，借款总数达银十二亿两。

《马关条约》允许外国在华设厂，于是，纺织、面

◇英德洋款五厘金镑公债 25 镑债券。债券正面上部印有“大清帝国中国公债”，“1896 年”“1600 万英镑”等英文和图案；下面左右分别印有英、德文的公债条例，中间盖有“大清钦差出使大臣关防”印，左边银行总经理签字，右边为驻英国或德国公使签字。债券年息五厘，每年 4 月 1 日、10 月 1 日为付息期，每张息票可得息金 12 先令 6 便士；债期 36 年（1896～1932）。

粉、造船等行业中出现很多外国工厂。光绪二十二年到辛亥革命爆发的十五年间，外商共创办资金十万元以上的工厂一百十九家，资本总额达九千八百万元。外资工厂财力雄厚，设备技术先进，并有优惠的政治特权。20

世纪初，帝国主义已控制中国生铁生产的百分之百(1910年)，棉纱生产的百分之七十六（1908年），内外航运的百分之八十四（1907年)，中国的民族工业力量薄弱，不能正常发展。外国还在中国各地设立许多银行，以发放对清政府的贷款，投资铁路、矿山、房地产业，垄断国际汇兑，吸收中国闲散资金，发行货币，从而控制了中国的财政、金融和信贷。

修筑铁路是帝国主义对华资本输出并划分势力范围的重要手段。光绪二十四年至二十六年（1898～1900)的三年内，列强强迫清政府签订多次铁路借款，总数一亿三千多万元，夺取了长达两万里的铁路修筑权。其中，俄法以比利时银行出面，取得了芦汉铁路的修筑权，英德取得了津镇铁路（后改津浦）的修筑权，美国取得了粤汉铁路的修筑权，英德俄分取了关内外铁路（即京沈路）的修筑权。这些都是深入内地，贯穿广大区域的铁路干线。到清朝灭亡时，先后筑成了京汉、中东、南满、胶济、滇越、正太、沪宁、京沈、津浦等铁路，全长一万八千余里。其中由帝国主义直接或间接投资经营的达一万六千余里，占百分之九十以上，中国自办铁路只有一千七百里。

帝国主义又对中国的矿藏资源垂涎欲滴。甲午战争以后不久，法国即强迫清政府立约，取得了在云南、广西、广东开矿的优先权。以后，英国福公司掠夺了在山西、河南的采矿权，两省矿务的财务、人事、盈利均归其支配。四川、直隶、安徽的矿业中，英国资本亦渐渗入。德国则在山东成立德华矿务公司，攫夺全省矿权。俄国则取得了在东北的矿藏开采权，还伸展势力于蒙古、新疆。日本也取得大冶铁矿矿石的优先供应权。至清朝灭亡时，帝国主义在华已开采的矿场有三十四处，投资四千一百余万元；准备开采的矿场二十五处，资本额八千二百余万元，大大超过中国自办的矿业。

在掠夺路权、矿权的同时，帝国主义又争先恐后，占据中国港湾，要求租借地，划分各自的势力范围。光绪二十三年（1897）德国借口传教士在山东被杀，派军舰占领胶州湾，租借青岛，把山东作为其势力范围。俄国紧随其后，派军舰进入旅顺，强租旅顺、大连，并把整个东北置于自己的控制之下。法国要求租借广州湾，把广东、广西、云南视为禁脔，要求清政府不将三省租借给他国。英国除在长江流域保持强大的势力外，又在北方租借威海卫，在南方扩充香港的界址，扩大租占九龙半岛。日本则迫使清政府承认福建省为其势力范围。中日甲午战争后的短短几年内，帝国主义在中国争夺势

◇清代德国在山东青岛的总督府旧址

租借地

一国根据条约在一定期限内为条约所规定的目的租借给另一国的领土。租借土地的主权不转移。租借只在约定的期限内有效，在租借期内租方取得对领土的使用权。帝国主义国家在亚洲和拉丁美洲各国的租借地，都是强迫这些国家订立不平等条约取得的。

力范围，为瓜分中国作准备，中国面临着沦为列强殖民地的严重危机。

在帝国主义划分势力范围的狂潮中，美国因忙于争夺菲律宾而姗姗来迟。它提出了“门户开放”政策，要求在各国势力范围内实行同等的关税、铁路运费，以后又提出保持中国领土与行政的完整，这些都是为了自己能插足于中国，与列强共享利益而不被排挤。

百日维新

《马关条约》的签订及列强瓜分中国的危机，极大地震动了各个阶级、阶层，促进了中国人民爱国意识的觉醒。当议和条件传出后，举国上下强烈反对，主战派官吏纷纷上奏，谴责李鸿章媚敌误国，要求拒签条约。当时，正在北京举行会试的各省举人集会，由康有为起草上皇帝书，提出“拒和、迁都、练兵、变法”，签名的举人有一千三百余人，掀起了反对投降的巨大运动。这就是著名的“公车上书”。台湾人民闻知割弃台湾的消息更是悲愤交集，誓不愿做亡国奴。日军在台湾登陆，台湾军民激烈抵抗，在孤悬海外、饷械俱缺的情况下，和优势日军战斗拼搏。

继“公车上书”之后，康有为又给光绪帝（即清德宗载湉）多次上书，建议变法。同时，在北京创办《中外纪闻》，设立强学会，进行宣传鼓动，团聚了一批维新志士，争取了光绪皇帝及帝党官僚翁同龢等的同情和支持。强学会因遭顽固派的嫉恨而被查禁，但变法维新的

◇康有为像

康有为（1858～1927）

中国近代资产阶级改良派的主要代表，戊戌维新运动的领袖人物，辛亥革命前后转变为保皇派的首领。原名祖诒，字广厦，号长素，又号更生。广东南海（今广州）人。清光绪二十一年（1895）进士，授工部主事。清王朝被迫与日本签订《马关条约》后，他愤然发起“公车上书”，反对不平等条约，呼吁救亡图存，变法图强。他创办了《中外纪闻》，组织了强学会、保国会。光绪二十四年，在光绪帝的支持下，康有为与谭嗣同、梁启超等人着手进行变法，但为慈禧太后、荣禄等人所反对。不久，变法失败，康有为逃亡海外。此后，他在海外组织保皇会，坚持立宪保皇，反对孙中山领导的旧民主主义革命，日益落伍倒退。主要著作有《新学伪经考》、《孔子改制考》、《戊戌奏稿》、《日本变政考》、《大同书》、《礼运注》等。

思潮汹涌激荡，一发而不可阻遏。维新运动的主要代表康有为、严复、梁启超、谭嗣同等，大力宣传变法的必要性和迫切性。在其倡导和组织下，各地纷纷成立学会，开办学堂，出版报纸。甲午战后四年内，国内设立的学会、学堂、报馆、书局共三百多处。光绪二十四年（1898）初，康有为等又在北京组织保国会，以“保国、保种、保教”为号召，联络和组织知识分子、中下级官吏，经常集会演说，痛陈国难当头，形势危急，激发人们关心国家命运的热情。各省旅京人士也纷纷组织保滇会、保浙会、保川会。通过这些团体和一系列活动，变法思想和救亡运动相结合，并迅速发展，从宣传和组织阶段进入实际行动阶段。

◇清德宗载湉（1871～1908），清入关后第九代皇帝，年号光绪，习称光绪帝。庙号德宗。

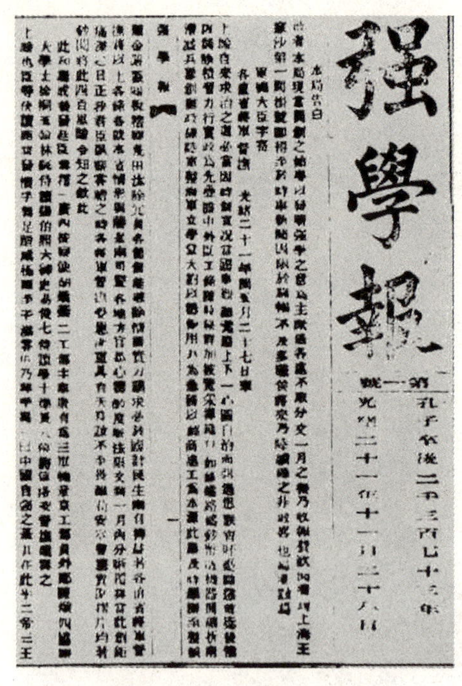
強學報

第一號

孔子卒後二千三百七十三年

光緒二十一年十一月二十八日

本局告白

◇《强学报》第一号

强学会

戊戌变法时期的政治团体。中日甲午战争后，康有为等办《万国公报》，于1895年11月成立强学会，又称译书局，或强学书局，成为改良派和帝党相结合的政治团体。成立后，改《万国公报》为《中外纪闻》。随即，上海强学会成立，拟定章程，说明“专为中国自强而立”，以通声气，聚图书，讲专门，成人才，成“圣教”。1896年1月12日刊《强学报》以孔子纪年，“托古以改今制”，倡导维新变法，提出开议院的政治主张。1896年1月该会被清廷改为官书局，不准议论时政，不准臧否人物，分学务、选书、局务、报务四门。强学会违失原旨。北京强学会遭封禁，上海强学会也随之解散。

严复（1854～1921）

中国近代资产阶级启蒙思想家、翻译家。初名传初，后易名宗光，字幾道，又字又陵，晚号瘉壄老人。福建侯官（今福州）人。光绪三年（1877）留学英国，两年后回国。从光绪六年起，长期任北洋水师学堂总教习。连续发表《原强》、《辟韩》、《救亡决论》、《论世变之亟》等文，宣传资产阶级的自由、民主政治思想，抨击君主专制，批判旧学，鼓吹变法图强。在此期间他所译出的赫胥黎的《天演论》对于国内知识界曾产生重大影响。此外，还先后译出亚当·斯密的《原富》、孟德斯鸠的《法意》、H. 斯宾塞的《群学肄言》等七部著作，并写下许多按语，在介绍西方资产阶级社会科学著作、传播西方文化的同时，还阐发了自己的哲学、政治、法律及经济观点。20 世纪初，他仍坚持改良维新，反对革命。辛亥革命后，袁世凯为图谋复辟帝制而组织筹安会，严复是发起人之一，晚年更趋于颓废守旧，主张复古。

◇严复像

梁启超（1873～1929）

◇梁启超像

中国近代资产阶级改良派的主要代表之一，戊戌维新运动的领袖人物，后转变为保皇派。字卓如，号任公，别号饮冰室主人。广东新会人。光绪二十一年（1895）在京参加了康有为发起的“公车上书”，并加入康有为组织的强学会。次年任上海《时务报》主笔。后到湖南，任湖南时务学堂总教习，和谭嗣同等人一起宣传维新思想。光绪二十四年积极参加变法。百日维新失败，他逃往日本，在当地办《清议报》、《新民丛报》。光绪三十一年间，他则作为保皇派主将，同以孙中山为首的资产阶级革命民主派进行论战。辛亥革命后，曾任袁世凯政府的司法总长和段祺瑞政府的财政总长。

谭嗣同（1865～1898）

中国近代思想家、资产阶级维新运动政治家。字复生，号壮飞，又号华相众生、东海褰冥氏等。湖南浏阳人。谭嗣同生于封建官僚家庭，少时好任侠。受中日甲午之战清军惨败的刺激，他思想上转向新学，广泛研究西方近代自然科学和资产阶级的社会学说，政治上则力主“尽变西法”以图强。光绪二十四年（1898）回湖南筹办新政，参与创立时务学堂、南学会、《湘报》等，又倡导开矿山、修铁路，积极进行维新变法宣传，使湖南成为全国最富有朝气的一省。光绪帝下诏宣布变法后，奉召入京参议新政。变法失败后，遭捕被杀。与同时被杀害的变法人士杨深秀、杨锐、林旭、刘光第、康广仁并称“戊戌变法六君子”。

◇谭嗣同像

保国会

戊戌变法时期的政治团体。1898 年 4 月 12 日在北京成立，拟定《保国会章程》三十条，主要内容是：以“保国”、“保种”、“保教”为宗旨，即“保国家之政权、土地”，“保人民种类之自立”，“保圣教之不失”；讲求变

◇位于北京宣武区南横街的粤东新馆是保国会成立所在地。今仅存保国会成立时的正房。

法、外交、经济，以协助政府治理国家。规定在北京、上海设总会，各省、府、县设分会，已略具政党规模。共集会三次，意在集群策、群智、群力，发愤救亡，推动维新运动。

光绪帝看到了康有为的上书，表示赞赏。康有为又向皇帝上《应诏统筹全局折》（第六次上书），指出“变则能全，不变则亡，全变则强，小变仍亡”，建议皇帝大誓群臣，开制度局，许天下人上书。又进呈自己撰写的《日本明治变政记》、《俄彼得变政记》，要求光绪奋发振作，运用君权，排除阻挠，效法日本、俄国，实行改革。光绪二十四年四月二十三（1898 年 6 月 11 日），光绪帝下“明定国是”诏书，宣布变法，并召见康有为、梁启超等询问变法的步骤和方法；派康在总理衙门上行走，梁办理译书局；后来又任用谭嗣同、刘光第、杨锐、林旭为军机章京。康有为和其他人递了许多奏折，提出一系列变法建议。光绪帝根据这些建议，颁布改革的诏令，主要是：发展经济，保护农工商业，设立农工商局，提倡私人办实业，奖励发明创造；改革财政制度，编制国家预算；开放言路，鼓励创办报纸，允许士民上书言事；精简官僚机构，裁汰冗员；改革科举制度，废除八股；北京创办京师大学堂，各省广设学堂，提倡西学，翻译书籍；选派出国留学生；改革军制，士兵改练洋操。这种改革有利于资本主义的发展，但并未根本改革封建专制制度，甚至为了减少变法的阻力，维新派过去宣传的设议院、开国会、定宪法等主张，在百日维新期间也并未提出过。就是这种不彻底的改良措施，也遭到以慈禧太后为首的顽固势力的反对。早在百日维新之初，慈禧就迫使光绪帝罢免翁同龢，以孤立皇帝。又命自己的亲信荣禄为直隶总督，掌握兵权。百日维新期间，大部分大臣和督抚把变法上谕束之高阁，拒不执行。维新派和守旧派的冲突愈演愈烈。京师盛传守旧派要发动政变，光绪帝屡遭慈禧太后的训斥，处在朝不保夕的危境中。帝党官僚和维新派并无实力，一筹莫展，寄希望于正在小站练兵的袁世凯。光绪帝召见袁，升他为侍郎。谭嗣同夜间访袁，劝他举兵勤王，驱除旧党，支持变法。袁世凯向旧党告密。八月初六，慈禧太后发动政变，囚禁光绪，自己出面训政，废止新政，并下令捉拿康有为、梁启超。康、梁逃往日本。谭嗣同、刘光第、杨锐、林旭、杨深秀、康广仁被捕处死。其他维新派和拥护变法的官吏，或被遣戍，或被革职。历时一百零三天的戊戌变法宣告失败。

◇翁同龢像

翁同龢（1830～1904）

晚清重臣。字声甫，号叔平、瓶笙，晚号松禅。江苏常熟人。咸丰六年（1856）状元，授翰林院修撰。历任刑部右侍郎、户部右侍郎、都察院左都御史，刑部、工部、户部尚书，协办大学士，军机大臣兼总理各国事务大臣，光绪帝师傅。光绪帝“每事必问同龢，眷倚尤重”。为后清流领袖人物。甲午战争时，极力主战。《马关条约》签订后，“有变法之心”，欲辅佐光绪帝筹谋新政。北京强学会成立，曾予支持，但反对维新派提倡的民权平等学说。光绪二十四年初，向光绪帝密荐康有为。后为慈禧太后及后党所忌恨被“革职”，永不叙用，困顿七载，直到病逝。其书法纵横跌宕，为世所重。

荣禄（1836～1903）

清末大臣。字仲华，号略园。满族瓜尔佳氏。满洲正白旗人。辛酉政变前后为慈禧太后和恭亲王奕䜣所赏识。同治元年（1862）任神机营翼长。此后数年，历任工部侍郎、户部侍郎，总管内务府大臣。同治帝死，荣禄参与确定载湉继承帝位。光绪四年（1878），擢工部尚书。次年因忤慈禧太后，又被劾纳贿去职十余年。后重新起用。甲午战争后，授总理各国事务大臣、兵部尚书、协办大学士，督练北洋新建陆军。百日维新期间，授直隶总督兼北洋大臣，为慈禧太后发动政变的得力人物。旋即内调中枢，授军机大臣，晋文渊阁大学士，管理兵部事务，节制北洋海陆各军，统近畿武卫五军。谋划废黜光绪帝，大力镇压义和团。光绪二十九年，转文华殿大学士，管理户部事务，直至病逝。

◇荣禄像

◇时任直隶总督时的袁世凯

袁世凯（1859～1916）

北洋军阀首领。字慰庭，号容庵。河南项城人。1881年（清光绪七年）投淮军。1895年12月，到天津小站督练新建陆军。戊戌变法期间，伪装赞助维新运动而出卖维新派。残酷镇压义和团。八国联军进犯京津，他按兵不救。1901年任直隶总督兼北洋大臣。1911年武昌起义爆发，出任清政府内阁总理大臣，逼清帝逊位。1912年3月，窃取中华民国临时大总统职位。1913年镇压“二次革命”，胁迫国会选举他为大总统。1915年，接受丧权辱国的“二十一条”。同年12月12日申令承受帝位，宣布改次年为洪宪元年。1916年3月22日被迫撤销帝制，6月6日病死。

义和团运动

帝国主义划分势力范围，外国传教士在各地胡作非为，引起了人民大众的激烈反抗。戊戌变法刚刚被镇压，农民和城市下层人民掀起了大规模的反侵略斗争。19 世纪末，爆发了义和团运动。

◇义和团令字旗

义和团本名义和拳，原是起于山东的烧香拜神、操练拳棒的反清秘密组织。为反对外国侵略，义和拳举起“扶清灭洋”的旗号，改称义和团，并得到地方官吏的某些支持，声势日益浩大。清政府在帝国主义的要求下，撤换了镇压不力的山东地方官，派袁世凯为山东巡抚，屠杀和逮捕义和团。义和团遂向北发展，活动于直隶各地，焚烧教堂，拆毁铁路、电线。又渗入天津和北京。光绪二十六年（1900）春夏之交，天津和北京街头上，义和团成群结队，头裹红巾，手执刀矛，公开活动。大街小巷，到处是拳厂和坛场。其他各省也纷纷响应，东北、山西、内蒙古、河南、

◇天津的义和团

四川、云南，都有大小规模不等的义和团。以慈禧太后为首的顽固派，因百日维新后在废立光绪问题上与列强存在矛盾，所以承认义和团合法，并采取控制、利用的策略，企图以义和团的刀矛发泄自己的怨愤。

义和团的主要成分是农民、手工业工人、城市居民，

◇光绪二十六年（1900）七月，八国联军侵占北京，德国骑兵进入紫禁城。

尤多青少年，也有妇女参加。它没有统一的组织和领袖，在思想上盲目排外，组织和斗争形式原始落后。他们提出“扶清灭洋”的口号，顺应了民族矛盾尖锐化的形势，但也模糊了对清朝统治者的认识。

八国联军，帝国主义的干预

当义和团进入北京、天津，帝国主义立即调动军队，进行干涉。英国将军西摩尔率领两千侵略军，从天津租界出发，向北京进攻。但沿路遭到义和团的阻击，被迫退回。接着，英、俄、日、法、德、美、意、奥八国组成联军，强行攻占大沽炮台，正式挑起大规模入侵中国的战争。慈禧太后等出于对洋人不满，遂决定宣战。南方各省督抚抵制宣战，提出东南互保，与帝国主义勾结，维持现存秩序，镇压人民的反侵略斗争，保护帝国主义、封建主义的利益。

面对帝国主义军队的进攻，义和团和清朝爱国官兵进行了英勇抵抗。天津城郊的战斗持续了一个多月，手持刀矛的义和团群众遭屠杀，聂士成等清朝的将领、士兵浴血奋战，以身殉国。八国联军占领天津后，纠集两万兵力，向北京进攻。清朝调集一些勤王军阻截，但抵敌不住侵略联军的凶猛攻势。光绪二十六年（1900）七

◇英勇不屈的义和团团民

月，八国联军占领北京。慈禧太后带着光绪帝仓皇逃走，前往西安。侵略联军分兵四出，占领山海关、张家口、保定、井陉等战略要地，并在京津地区屠杀抢劫。民居商铺被焚烧，户部存银洗劫一空，颐和园的文物、书画、古器被捆载而去，北京城遭到外国侵略军的又一次蹂躏和践踏。沙俄除了参加八国联军外，竟出动了十多万军队入侵中国东北，烧杀抢掠，占领主要城市，企图并吞东北全境。还制造了惨绝人寰的大屠杀，烧死、杀死在江东六十四屯的中国居民三万人；并将居住在海兰泡的七千多中国侨民驱赶入黑龙江，活活淹死。

慈禧太后利用义和团“灭洋”，是为了发泄私愤。但她对义和团始终心存戒惧，在逃跑的路上就急忙发布“剿匪”上谕，命令清军掉转枪口，对准义和团。又催促李鸿章北上，与帝国主义议和乞降。李鸿章和帝国主义签订了《辛丑条约》，主要内容有：赔款四亿五千万两，拆除大沽至北京间的中国炮台，允许各国在北京附近驻兵，设置东交民巷使馆区，禁止中国人民成立或参加任何反帝组织，惩办首祸诸臣。《辛丑条约》使中国下降为列强共管的半殖民地。

帝国主义扩大侵华权益

20世纪初，帝国主义的侵略更加深入。英、美、日相继强迫清政府签订《通商行船条约》，增开商埠，开放内河水道，为外国商品和资本输入中国提供更多的方便条件。帝国主义的争夺更加激烈。八国联军时，沙俄占领东北全境，迟迟不肯撤兵，引起日本和英美的强烈不满。日英结成了同盟，共同对付俄国。光绪三十年（1904）日本和俄国在中国的领土上爆发大战，双方调动六十万大军在沈阳附近会战。而清政府无力干预，竟宣布“局外中立”。战争结果，俄国陆军败退，海军覆灭；日俄在美国调停下停战议和，俄国将南满的利益让给了日本而退居北满。

此后，日本扩大从沙俄手中夺来的权益，独占南满铁路，扩充旅、大租借地；俄国则紧紧抓住北满，以中东铁路为主干，渗透势力于各地。美国提出诺克斯东北铁路“中立化”计划，要由列强共同投资和管理，企图

◇日军占领旅顺口后，日军军官在山上眺望旅顺港中被击沉的俄国军舰。

插足于日俄的势力范围内。刚刚经过大战的日本和俄国重新修好，抵制美国势力进入东北。鉴于东北处在日俄瓜分的严重危机下，光绪三十三年清政府宣布废止东北的将军制，改为奉天、吉林、黑龙江三省，设东三省总督和三省巡抚，并企图开矿、设厂、筑路、练兵，以抵制日俄。但当时的清政府已十分腐败，不可能有所作为，东北建省未能抵制日俄势力在东北的日益扩张。

英国和俄国为觊觎西藏进行长期争夺。英国侵略军一千多人突然闯过中印边界，于光绪三十年占领拉萨，强迫西藏地方当局签订《拉萨条约》，阴谋把西藏从中国分裂出去。在中国各族人民的强烈反对下，清政府不敢在条约上签字，但以后重订新约，英国仍取得了许多特权。

辛亥革命发生后，帝国主义又趁火打劫。当时，俄国正在胁迫清政府重新修订《伊犁条约》，企图进一步掠夺领土和权利；并乘中国局势动荡，干预和侵略蒙古地区，分割中国领土。英国也在西藏策划分裂活动，致使中国的边疆危机迭起。

清朝的覆亡

清政府的“新政”

帝国主义列强允许慈禧太后从西安回銮，在北京重建统治，慈禧因而对帝国主义感恩戴德，往往唯命是从。“量中华之物力，结与国之欢心”，成为当时清政府重要的对外政策。列强要求清政府调整机构、政策，进一步实现政权的买办化。慈禧也就打出了不久以前还在拼命反对的“新政”、“变法”的招牌，以此酬答列强的要求，消弭正在兴起的革命浪潮。光绪二十七年（1901）成立督办政务处，以筹划和推行“新政”。刘坤一、张之洞、袁世凯等纷纷上书，献计献策。

新政涉及各个方面，在政府机构上，按《辛丑条约》的规定，将总理各国事务衙门改为外务部，“班列六部之前”。裁撤一些冗闲重复的机构，增设商部、巡警部及财政处、学务处。光绪三十二年进一步改变从前部院衙门的结构，以外务部、民政部、度支部、学部、陆军部、法部、农工商部、邮传部取代从前的六部。军事上，决定编练新军，设立练兵处，计划编练全国常备军三十六镇。实际上到清朝灭亡时共练成新军十四镇，十八个混成协及禁卫军一镇，约十六万人。经济上，振兴商务，奖励实业，拟订商律，设立商会，保护资产阶级和华侨资本家。颁布矿务、铁路、公司、银行等各种章程，又统一度量衡，成立大清银行，改革币制，废除银两，确定以银元为货币单位。在文化教育上，将各省书院改为大、中、小学堂，颁布学堂章程，规定学制。光绪三十一年废止了延续一千多年的科举制，一切士子均由学堂出身。社会各个阶级阶层办学的积极性很高，学堂的建立犹如雨后春笋，出国留学受到资助、鼓励，并给予进士、举人出身。在法律方面，仿效西方国家的法制，编订新法典和单行法规，删除凌迟、枭首、缘

◇清宣统三年（1911）银币

◇清光绪三十三年（1907）大清银行兑换券

坐、刺字等酷刑峻法。

在这些“新政”中，清政府最重视的是练兵筹饷，以增加收入，巩固统治，其他方面多属表面文章。尽管这样，政治、经济、军事、教育等方面的变革，毕竟为长期停滞的社会机制带来了一些活力，扩大了带资本主义性质的新生力量，加强了新势力对旧势力的冲击，实际上为反对和颠覆清朝统治作了准备。

在办理“新政”中，袁世凯的北洋集团乘机崛起，形成了近代军阀势力。袁在小站练兵，采用德国的操练方法，聘用德国教官，全军训练严格，装备精良，为中国陆军近代化的开端。李鸿章死后，袁世凯继任直隶总

◇袁世凯小站编练新军

督、北洋大臣，受命办理练兵、外交、铁路、商务等，权倾朝野。他在原有军队的基础上，练成北洋新军六镇，号称劲旅。其军官都经过陆军学堂的训练，但军内保持淮军“兵为将有”的传统，重要将领段祺瑞、冯国璋、王士珍、曹锟、张勋（见张勋复辟）都是袁的心腹。袁世凯还多方拉拢官僚、文士徐世昌、唐绍仪、赵秉钧、梁士诒等，向内政、外交、财政、实业、路矿等领域渗透，形成庞大的势力集团。北洋集团背后有帝国主义支持，军队、企业中聘用外国教官、顾问，袁本人和各国公使交往甚密，因此在帝国主义心目中，袁世凯是能够维持统治秩序的最有实力的人物。袁世凯又和庆亲王奕劻勾结，使用贿赂，赢得其支持。光绪三十四年（1908）光绪帝和慈禧太后死去，宣统帝（即溥仪）即位，醇亲王载沣摄政，袁世凯被罢黜家居，但他多年卵翼的北洋集团依然存在。武昌起义后，清朝幻想利用袁的实力镇压革命，不得不请袁出山，付以全权。袁世凯依靠北洋势力，投形势之机，代替了清政府，排斥了革命派，再次成为最有实权的人物。

张勋复辟

1917 年 7 月清废帝溥仪在北京复辟十二天的事件，

◇1917 年 7 月张勋复辟帝制，北京街头又挂出龙旗。

由于此次事件是张勋一手策划，史称张勋复辟。张勋原是清朝的江南提督，民国成立后被袁世凯提拔为长江巡阅使。1917 年 5 月，因是否解散国会问题，大总统黎元洪和国务总理段祺瑞争持不下。张勋以调解黎、段冲突为名，带领三千军队入京。6 月 30 日深夜，张勋派兵占据火车站、邮电局等要地，同时劝黎元洪“奉还大政”。7 月 1 日凌晨，张勋穿上清代的朝服朝冠，率领康有为等群党，拥十二岁的溥仪登极。复辟消息传出后，全国舆论一致声讨。孙中山在上海发表讨逆宣言，并命令各省革命党人出师讨逆。段祺瑞借助全国反对复辟的声势和日本政府的财政支援，于 7 月 3 日在天津附近的马厂组成“讨逆军”，很快攻入北京。7 月 12 日，张勋仓皇逃入荷兰使馆，溥仪再次宣布退位。段祺瑞于 7 月 14 日到北京，重掌政府大权。

孙中山与中国同盟会

在帝国主义、封建主义的压迫下，一部分最先进的爱国志士很早就走上了革命道路，其代表人物就是孙中山。

◇孙中山像

孙中山，广东香山人，出生于农民家庭。早年在美国檀香山学习，接受资产阶级教育，后回国行医，目睹政局日非，痛恨腐朽卖国的清政府，立志救国济民。光绪二十年(1894）他在檀香山（今美国火奴鲁鲁）成立了第一个资产阶级革命团体“兴中会”，提出了“驱除鞑虏，恢复中华，创立合众政府”的纲领。次年，他以香港为据点，筹划发动广州起义，因事机泄露而失败，被迫逃往国外。百日维新失败后，又在广东惠州发动起义。那次起义虽被镇压，但影响很大。

光绪二十八年，留日学生集会纪念明朝灭亡二百四十二周年，上海出现爱国学社。翌年，因俄国不肯从东

◇清光绪二十年（1894），以孙中山为首的兴中会在檀香山成立。

北撤兵，上海、北京的学生集会抗议。东京留学生尤为激昂，组织拒俄义勇队，回国请愿。

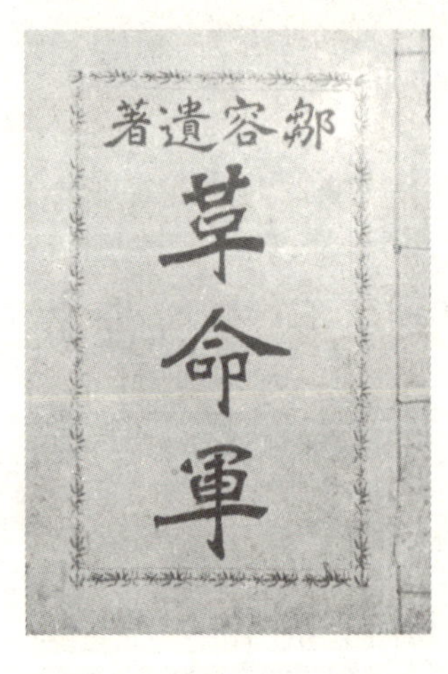

◇邹容著《革命军》

上海和东京陆续创办许多报纸刊物，反对专制，批评时政，宣传革命。其中，革命青年邹容以通俗而犀利的文笔写《革命军》一书，揭露清朝的黑暗统治，热情呼唤“开创中华共和国”；章太炎（即章炳麟）在《苏报》上发表许多文章，尤以《驳康有为论革命书》影响为大，驳斥康对革命的诬蔑，揭露了他的保皇反动面目。还有陈天华写《警世钟》、《猛回头》，指出清政府卖国的本质，号召人民起来反对清政府和外国侵略者。

在革命思想传播的基础上，出现了许多革命组织。孙中山领导的兴中会在海外有了进一步的发展，设立许多支部，出版许多报纸，并和康有为的保皇党进行论战。光绪二十九年（1903）湖南青年黄兴、陈天华、宋教仁等在长沙组织华兴会；次年，江浙知识分子蔡元培、章太炎、陶成章等组织光复会。这两个组织都联络会党，策划反清起义。后因起义失败，很多人跑到日本。还有湖北的青年组织“科学补习所”、“日知会”，在当地新军中宣传革命。

光绪三十一年（1905），孙中山从欧洲到日本东京，与黄兴、宋教仁等创立中国同盟会。该会以“驱除鞑虏，恢复中华，建立民国，平均地权”十六字为纲领，推举

中国同盟会

清末全国性的资产阶级革命政党。简称同盟会。1905年8月20日在东京成立。其本部暂设东京，为最高领导机构，其下属组织为支部和分会，并在国内和海外设立若干支部。同盟会成立大会上推举孙中山为总理，

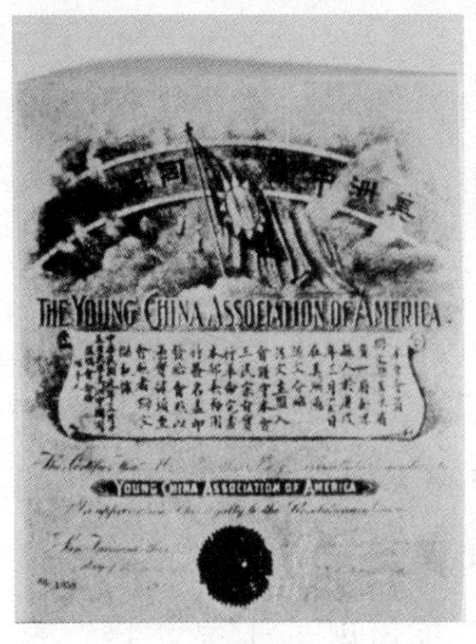

◇同盟会颁发的会员证书

黄兴为执行部庶务，协助总理主持本部工作，还通过以《二十世纪之支那》杂志作为同盟会机关刊物（正式出版时改名《民报》）。又陆续推定各省区同盟会分会主盟人，制定了一系列方针、政策、程序、制度和纪律等。同盟会在推翻帝制与建立共和的过程中曾作出伟大贡献，但它还是一个不够成熟的资产阶级政党，组织比较松懈，内部政见亦多分歧。

孙中山为总理。总部设于东京，国内和海外设立分会和支部。一年后，会员已超过一万人，其中以知识分子占多数，也有下层的会党和海外华侨。中国同盟会的成立是资产阶级革命派成熟的标志。同盟会出版了自己的机关报《民报》，孙中山在民报发刊词中把十六字纲领阐发为三民主义，即民族主义、民权主义、民生主义。民族主义即是用暴力推翻清朝政府，避免列强的侵略和瓜分；民权主义即是废除专制帝制，建立共和政体；民生主义即是实行土地国有，以改良的方法解决土地问题，防止

發刊詞

孫文

近時雜誌之作者亦夥矣姱詞以爲美囂聽而無所終摘埴索塗不獲則反覆其詞而自惑求其斟時弊以立言如古人所謂對症發藥者已不可見而況夫孤懷宏識遠矚將來者乎夫繕羣之道與羣俱進而擇別取舍惟其最宜此羣之歷史既與彼羣殊則所以掖而進之之階級不無後先進止之別由之不貳此所以爲輿論之母也余維歐美之進化凡以三大主義曰民族曰民權曰民生羅馬之亡民族主義興而歐洲各國以獨立洎自帝其國威行專制在下者不堪其苦則民權主義起十八世之末十九世紀之初專制仆而立憲政體殖焉世界開化人智益蒸物質發舒百年銳於千載經濟問題繼政治問題之後則民生主義躍躍然動二十世紀不得不爲民生主義之擅塲時代也是三大主義皆基本於民遞嬗變易而歐美之人種胥治化焉其他旋維於小已大羣之間而成爲故說者皆此三者之充滿發揮而旁及者耳今者中國以千年專制之毒而不解異種殘之外邦逼之民族主義民權主義殆不可以須臾緩而民生主義歐美所慮積重難返者中國獨受病未深而去之易是故或於人爲既往之陳跡或於我爲方來之大患要爲繕吾羣所有事則不可不並時而弛張之嗟夫所陟卑者其所視不遠遊五都之市見美服而求之忘其身之未稱也又但以當前者爲至美近時志士舌敝唇枯惟企强中國以比歐美然而歐美强矣其民實困觀大同盟罷工與無政府黨社會黨之日熾社會革命其將不遠吾國縱能媲跡於歐美猶不能免於第二次之革命而況追逐於人已然之末軌者之終無成耶夫歐美社會之禍伏之數十年及今而後發見之又不能使之遽去吾國治民生主義者發達最先睹其禍害於未萌誠可舉政治革命社會革命畢其功於一役還視歐美彼且瞠乎後也翳我祖國以最大之民族聰明强力超絕等倫而沈夢不起萬事墮壞幸爲風潮所激醒其渴睡旦夕之間奮發振强勵精不已則半事倍功良非誇嫚惟夫一羣之中有少數最良之心理能策其羣而進之使最宜之治法適應於吾羣吾羣之進步適應於世界此先知先覺之天職而吾民報所爲作也抑非常革新之學說其理想輸灌於人心而化爲常識則其去實行也近吾於民報之出世覘之

◇1905 年孙中山撰写的《民报》发刊词

贫富悬殊。

资产阶级革命派以《民报》为阵地，和以《新民丛报》为阵地的保皇派进行了激烈的争辩。革命派以有力的论据、雄辩的逻辑、犀利的笔锋，阐明进行暴力革命的必要性，揭露清朝政府是民族压迫、专制横暴、反动卖国的政府，驳斥了种种保皇的谬论，为革命高潮的到来作了舆论准备。

同盟会成立后，把发动武装起义、推翻清朝政府放在首要的日程上。从光绪三十二年（1906）起，同盟会先后在各地发动了萍（乡）浏（阳）醴（陵）起义等一系列起义，还组织了多次暗杀清朝官吏的活动。但革命派领导的这些起义，规模较小，时间较短，计划不够周密，又有很多在沿边省区，缺乏接应，很快被清军镇压。但斗争连续不断，屡挫屡奋，锻炼了革命派的力量，表现了他们百折不挠的坚强意志。

◇刘静庵（1875～1911），名大雄，又名保罗、贞一，字敬安、敬庵。湖北潜江人。1903年在武昌入湖北新军，次年加入科学补习所。该所破坏后，受聘为美国圣公会在武昌所设日知会阅览室司理，继续从事革命活动。1906年10月，萍浏醴起义爆发，日知会筹划响应。1907年1月，因奸细告密，刘静庵等九人被捕。刘静庵在狱中备受酷刑，病死狱中。

和革命派发动武装起义同时，全国范围爆发了大规模的群众自发斗争。有反教会斗争，有反对苛捐杂税的斗争，还有抢米风潮。这些群众斗争缺乏组织、纲领，具有很大的自发性，但波及的地区普遍，发动的次数频繁，参加的群众广泛，使清朝统治的基础发生了动摇。

收回利权运动

针对帝国主义疯狂掠夺在华的铁路修筑权和矿山开采权，中国人民展开了收回利权的爱国运动。美国合兴公司攫取粤汉路权之后，违约将股票转让给比利时银团。湖南、湖北、广东人民要求“废约自办”，声势浩大，迫使美国合兴公司作出让步，在勒索六百多万美元赎款后，同意废约。江浙人民则为收回苏杭甬路权，和英帝国主义进行斗争，自行集款筑路。清政府先是执意向英国借款修筑，遭到两省人民的坚决反对。后来怕激起“民变”，将英国借款移作别用，允许苏杭甬铁路归为商办。山西人民为了从英国福公司手中收回采矿权，经过反复谈判，在偿付赎款后收回了平定、孟县、潞安（治今山西长治）、泽州的煤铁开采权。在轰轰烈烈的收回利权运动中，还收回某些路矿的部分权益。如津浦铁路、广九铁路、沪宁铁路，以及安徽铜官山煤矿，浙江衢、严、温等处煤铁矿，山东中兴煤矿，四川江北厅煤

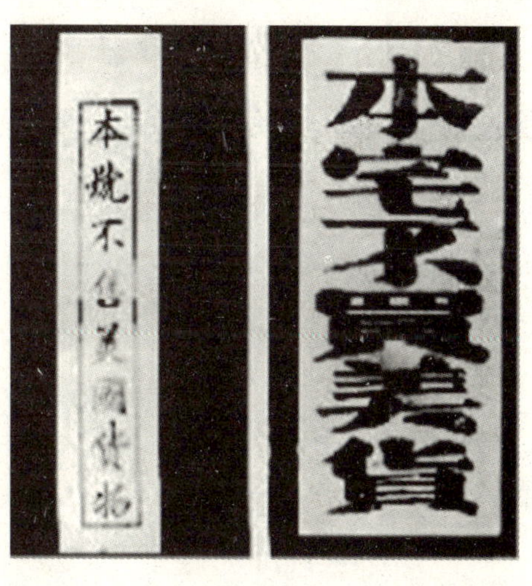

◇江西、江苏商民不售不卖美货的标语

铁矿，奉天锦西煤矿等。帝国主义尽管不甘心吐出既得利益，但面对声势浩大的群众运动，不得不稍稍改变策略，在勒索大量赎款以后，交回部分利权，以缓和反抗。收回利权运动是广大群众为保卫国家、民族的利益、主权而进行的爱国主义的斗争。

光绪三十一年（1905），由于美国国内歧视和虐待华侨、华工，广州、上海工商界集会抗议，通电全国，号召抵制美货。全国各城市纷纷响应，形成广泛的群众性的反美爱国运动，时间持续将近一年，给美帝国主义以重大的打击，使其对华贸易额明显下降。

在以上一系列运动中，工商界的资产阶级和立宪派起了较大作用。他们以指导者的姿态活跃在舞台上，反对帝国主义的侵略和清政府的丧权辱国，但当反动势力威胁利诱、施加压力时，他们又表现出软弱妥协的特点，中途退出运动，不能坚持到底。这一弱点也表现在立宪运动中。

立宪运动

20 世纪初的经济发展、思想变化和革命风潮，从不同的方面促进了资产阶级的立宪运动。由于资本主义经济的初步发展，投资于工商业的资产阶级虽不愿和帝国主义、封建主义决裂，却又希望在清朝统治下能改善自己的地位和发展条件。他们看到英国、日本、德国的君主立宪政体，也想通过这条途径挤进政府，分享权力。立宪运动的主要倡导者是流亡海外的梁启超以及国内的张謇、杨度、熊希龄、汤化龙、汤寿潜等人。清朝权贵当然对立宪并无兴趣，但由于革命风潮的兴起，清廷也企图以立宪为诱饵，拉拢立宪派，瓦解革命派。光绪三十一年（1905），清廷派载泽等五大臣出洋考察宪政。翌年，颁布预备立宪的谕旨，在“大权统于朝廷，庶政公诸舆论”的口号下，拉开了立宪运动的帷幕，提出改革官制，清理财政，整饬武备，详订法律，广兴教育等，将行之数年未获成效的“新政”，权作预备立宪的内容。立宪派则兴高采烈，纷纷成立团体。康有为将保皇会改名为国民宪政会，梁启超在日本组织政闻社，江浙立宪派组织预备立宪公会，湖南组织宪政讲习会，湖北成立宪政筹备会，广东组织粤商自治会。各地立宪派积极活动，向清政府上书请愿，施加压力，要求召开国会。

但清政府在宣布各省设立咨议局、北京设立资政院，作为国会的基础的同时，把召开国会的期限推迟到九年以后，并颁布《钦定宪法大纲》，规定皇帝具有至高无上的权力，不受议会的约束，臣民的权利极为微小。光绪三十四年（1908），光绪帝和慈禧太后死去，满族亲贵集团企图集中权力，排斥拥有实力的汉族大臣，将袁世凯以足疾为名开缺回籍。又训练禁卫军，成立军咨府，企图以皇室亲贵统揽全国兵权，各省督抚对此加以反对。统治阶级内部在立宪的招牌下各怀私念，争权夺利。清朝上层中的满族亲贵、汉族大臣、立宪派三种势力的裂痕日益扩大。

宣统元年（1909）以后，各省咨议局与北京资政院先后成立，并经常开会讨论，批评政治，弹劾官吏，提出议案，与清朝中央和地方政府发生摩擦。立宪派对清朝的拖宕延缓、独揽权力很不满意，先后发动三次请愿，要求速开国会，成立责任内阁。请愿的规模越来越大，情绪越来越激昂。有些地方督抚从抵制亲贵用事、维护自己权力出发，也参加了立宪运动。清政府不得已同意缩短预备立宪的期限，改为五年；并于宣统三年裁撤军机处等机构，组织以奕劻为总理大臣的新内阁。内阁成员大部分为满族亲贵，十三名阁员内汉族仅占四人，因此这个内阁被称为“皇族内阁”。立宪派企图和清政府分享权力的愿望化为泡影，汉大臣也受到排挤，这就促成了辛亥革命时统治阶级上层的离心离德，导致清王朝迅速土崩瓦解。

辛亥革命和清帝逊位

辛亥年，即宣统三年（1911），是社会矛盾长期积聚而达到总爆发的一年。八月，爆发了资产阶级民主主义革命。

黄花岗起义和保路运动

以孙中山为首的资产阶级革命派，计划在广州发动更大规模的起义。在条件尚不具备而事机又有泄漏的情况下，同盟会领导人黄兴决心迅速发动起义，冒险一击，时间定于宣统三年三月二十九（1911年4月27日）。届时黄兴仅率一百数十人发难，攻入两广总督督署，随后遇到大批清军的攻击。革命党人以寡敌众，许多人战死或被捕牺牲。其遗骨合葬于黄花岗，故这次起义称“黄花岗起义”。

◇英勇不屈的黄花岗起义战士

黄花岗起义刚刚被镇压，湖南、湖北、广东、四川四省广大人民以及资产阶级、地方绅商，为反对清政府

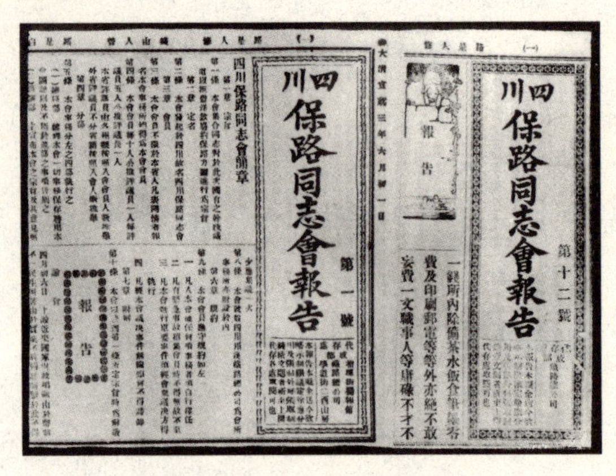

四川保路同志會報告

第十二號

一經費內除備茶水飯食筆墨等費及印刷郵電等外亦絕不敢妄費一文職事人等

報告

四川保路同志會報告

第一號

四川保路同志會簡章

◇《四川保路同志会报告》

掠夺商民路权，擅自把粤汉、川汉路权拍卖给英美法德四国银行团，又掀起了保路风潮。四川保路运动发展尤其迅速，超出了立宪派“文明争路”的范围。成都和全省许多城镇一齐罢市，并提出不纳粮税、不认外债等。清政府决定武力镇压，派端方带兵入川。总督赵尔丰逮捕保路的领袖多人，并开枪击毙游行群众数十人。四川各地的同盟会员和哥老会员纷纷组织保路同志军，筹划起义，把合法的保路运动发展为反对清朝的武装斗争。各路同志军从四面八方围攻成都，声势浩大。清政府急忙从湖北调兵入川，湖北形势亦发生动荡。

四川保路运动为武汉革命党人发动起义创造了有利条件。武汉地区的文学社、共进会等团体，平日在新军中宣传革命、发展组织，因而在军队中有深厚的基础，许多士兵和下级军官参加革命组织。

武昌起义

宣统三年八月十九（1911 年 10 月 10 日）夜间，驻在武昌城内外的新军发动起义，攻占总督衙门，清朝官吏遁逃。

但当时革命派的重要领导人都不在武汉，起义士兵筹划组成湖北军政府时不懂得保持领导权的重要性，以为需要有名望、有地位的人出来组织政府。于是，清朝高级军官新军协统黎元洪被请出来当都督，立宪派汤化龙当了民政长。

◇1911 年武昌起义时，武昌城外革命军炮队隔江攻击敌军。

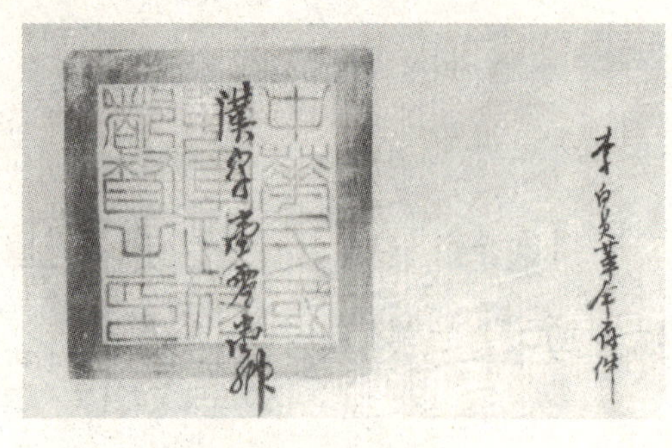

◇武昌起义军臂章

武昌起义在全国范围内产生了巨大影响。首先是湖南和陕西分别发动起义，树起独立的旗帜。接着，各地革命党人纷纷组织会党、新军起来响应。在短短一个多月时间内，又有江西、山西、云南、浙江、江苏、贵州、安徽、广西、福建、广东、四川、山东等省和上海宣布独立。武昌的革命军与清军相持于汉口、汉阳，江浙的革命军打败清军、克复南京、组织北伐，一时革命风潮大盛，连清朝统治的腹心地区直隶，也发生了滦州（今河北滦县）的新军起义。

辛亥革命中，孙中山领导的同盟会是领导者和组织者，起义的普遍发动和迅速发展是同盟会长期宣传、组织、筹划的成果。会党和新军是主要的依靠力量。他们反对清朝的态度最坚决，斗争最勇敢。资产阶级立宪派本来并不赞成革命，但在争路、宪政问题上已和清政府产生严重裂痕，起义的普遍发动把他们推向了革命一边。他们的地位很有利，一方面既不是清朝的当权派，容易转身投向革命；另一方面，他们有声望，有产业，受到地方上的信任。所以，立宪派这时几乎全都放弃君主立宪的主张，赞成共和政体，并在新政权中占据了重要位置。甚至，有些旧官僚受到周围的压力，看到大势所趋，也不得不附和革命，这样就扩大了革命阵营的声势，使清朝政府陷入众叛亲离的不利处境。但立宪派和旧官僚投向革命，也带来了严重的后果。他们和革命派的思想和目标很不一致，在革命内部争夺权力，形成错综复杂的情况。有的省份，革命派发动起义，建立了革命政权，但立宪派和旧势力通过政变和武力手段，屠杀革命派和群众，篡夺了权力，如湖南、贵州。有的省份，革命派和立宪派并存，立宪派占了优势，以后两派都未能保持权力，一些掌握军队的实力派取而代之，如云南、浙江、四川。有的省份，经过各种势力的斗争，政权落在流氓、政客、军阀手中，如福建、山西。还有的省份，清朝旧官僚投机革命，宣布独立，摇身一变，成为新政权的首领，如江苏、广西、山东。经过一段实力的较量和形势的演变，掌握在革命派手中的尚有上海、广

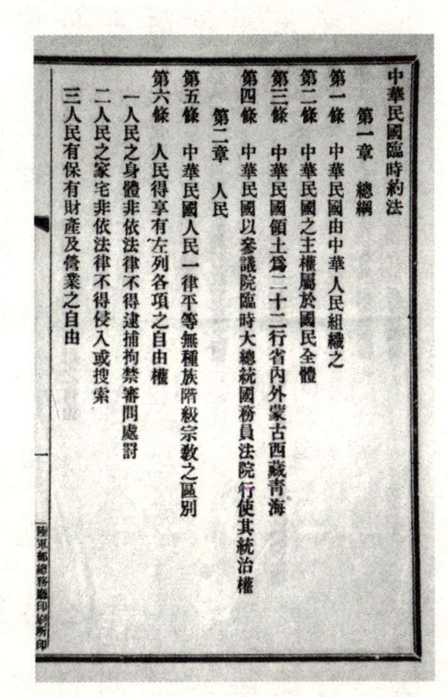

中華民國臨時約法
第一章 總綱
第一條 中華民國由中華人民組織之
第二條 中華民國之主權屬於國民全體
第三條 中華民國領土爲二十二行省內外蒙古西藏青海
第四條 中華民國以參議院臨時大總統國務員法院行使其統治權
第二章 人民
第五條 中華民國人民一律平等無種族階級宗教之區別
第六條 人民得享有左列各項之自由權
一人民之身體非依法律不得逮捕拘禁審問處罰
二人民之家宅非依法律不得侵入或搜索
三人民有保有財產及營業之自由

陸軍部總務廳印刷所印

◇《中华民国临时约法》之一页

东、江西、安徽等地区。但革命派也在分化蜕变，有些人放弃了革命理想，向着官僚军阀势力靠拢。

武昌起义后，年底，孙中山从海外回国。各省代表齐集南京，推举孙中山为临时大总统，组织南京临时政府。翌年元旦（民国元年1月1日）孙中山宣誓就职，任命临时政府工作人员，颁布除旧布新的各项政令。不久又成立临时参议院，制定了《中华民国临时约法》。

南京临时政府

辛亥革命时期孙中山在南京建立的资产阶级革命政府。武昌起义后，举行各省都督府代表会议，决定组织中华民国临时政府。孙中山当选为临时大总统。1912年1月1日，孙中山在南京宣誓就职，中华民国临时政府正式成立。因政府所在地设在南京，史称“南京临时政府”。同年4月，孙中山在帝国主义和封建势力的压力下被迫辞职，政权为袁世凯窃据，政府迁往北京。南京临时政府基本依三权分立原则，按美国模式建立起总统制的中央政权，临时大总统在国家政权中负有实际政治责任，行使国家最高行政权；立法权由临时参议院行使；但未能设立独立的司法部门。南京临时政府建立了一套初具规模的资产阶级民主共和制度。

清帝退位

武昌起义敲响了清王朝的丧钟。帝国主义迫于形势，打起了中立的幌子，催促清朝政府起用袁世凯。北洋军队的将领都是袁的心腹，要调动他们抗拒革命，非袁不可。清政府只好解散皇族内阁，请袁世凯出山，任命他为内阁总理大臣，向他交出军政大权。袁世凯以帝国主义为后盾，挟北洋军队的实力，一面利用革命声威，恫吓清政府，逼迫满族亲贵交出权力；一面又向革命派威胁利诱，施加压力，迫使就范。袁世凯指挥北洋军进攻武汉时，同盟会领袖黄兴率领革命军英勇抗击，但事权不一，力量悬殊，战斗失利。北洋军占领汉口、汉阳，炮轰武昌。经过帝国主义的撮合，袁世凯又和革命阵营试探和谈。早在孙中山回国以前，南北和谈已在上海进行，双方就停战、国体、召开国民会议等进行讨论。

南北和谈

民国初期南北政府举行的两次议和谈判。①1911 年 12 月至 1912 年 2 月，袁世凯在帝国主义列强支持下，胁迫南方革命政权进行的和平谈判。和谈结果以清帝溥仪宣告退位，孙中山辞去临时大总统职务，袁世凯当选为临时大总统告终。②1919 年 2～5 月北京政府与南方军政府间的和谈。1917 年，北洋军阀废弃国会和临时约法，驱走总统黎元洪。孙中山在广州召开国会非常会议，揭起护法旗帜，并成立护法军政府，反对北洋军阀政府，形成南北对峙的局面。次年 5 月桂系军阀排挤孙中山控制了南方政府。南北双方同意停战并进行谈判。但为划分地盘、争夺权力无法达成一致，到五四运动发生后，南北和谈以毫无结果而破裂。

帝国主义支持袁世凯，压迫革命派妥协。立宪派和有的同盟会员也向袁世凯靠拢，表示如果清帝退位，将拥护袁出任第一任大总统。孙中山回国后，虽然反对妥协，积极主张北伐，组织了各路北伐军，但各军未经训练，编制互异，指挥不灵，遭到各方面反对和掣肘。帝国主义拒绝承认南京临时革命政府，扣留海关税收；各省军政府新建，供应浩繁，革命政权因此陷入严重的财政危机。立宪派和一部分同盟会员则指责非难孙中山等的革命主张，致使北伐无法进行。孙中山面对革命阵营的涣散状态和南北议和的既成事实，也无能为力，只得同意让步。他表示如果清帝退位，宣布共和，自己即辞去职务，可另选袁世凯为正式大总统。袁世凯在得到革命派出让政权的确切保证后，便向隆裕太后上奏，声称自己的北洋军队已无力镇压革命，保卫京畿，请召开皇族亲贵会议，速定方针。他自己则不再入朝，只派心腹催迫清帝退位，隆裕太后召开多次御前会议，争论激烈。一部分满族亲贵态度顽固，反对退位，组成宗社党，指责袁世凯“蔑视纲常”，“居心更不可问”，主张和南方革命军决战。袁世凯唆使段祺瑞等数十名前线北洋将领致电清政府，要求实行共和政体，斥责皇族亲贵“败坏大局”。各地官吏迎合袁的意图，纷纷电奏，主张共和。宗社党本无实力，其首领良弼此时被革命党人彭家珍炸死，亲贵们吓得纷纷逃到天津租界和大连、青岛。民国元年二月十二日，隆裕太后带着宣统小皇帝举行清王朝最后一次朝见仪式，接受优待皇室的条件，发布退位诏。统治中国二百六十八年的清王朝宣告灭亡。

清帝系表

①太祖爱新觉罗·努尔哈赤（天命）（1616～1626）——②太宗皇太极（天聪、崇德）（1627～1643）

③世祖福临（顺治）（1644～1661）——④圣祖玄烨（康熙）（1662～1722）——⑤世宗胤禛（雍正）（1723～1735）

⑥高宗弘历（乾隆）（1736～1795）——⑦仁宗颙琰（嘉庆）（1796～1820）——⑧宣宗旻宁（道光）（1821～1850）

⑨文宗奕詝（咸丰）（1851～1861）——⑩穆宗载淳（同治）（1862～1874）

⑨文宗奕詝——醇亲王奕譞——⑪德宗载湉（光绪）（1875～1908）

醇亲王奕譞——醇亲王载沣——⑫溥仪（宣统）（1908～1912）

清朝的思想文化

清初的学术思想

清代的思想文化，丰富绚丽，流派众多，人才辈出，在许多领域取得了光辉的成就。清初，一度产生幼弱的民主启蒙思想，但由于生产和社会发展水平的限制以及清朝的思想高压政策，进步思想未能得到正常发展，思想文化界仍不能冲出儒家的樊笼。

◇颜元（1635～1704），清初哲学家。字易直，又字浑然，号习斋。直隶博野（今属河北）人。他反对理学，认为“理气俱是天道”，理与气是道不能分离的两个方面。

清初是中国历史上思想文化最活跃、最繁荣的时期之一，出现了以黄宗羲、顾炎武、王夫之、颜元等为代表的许多杰出学者。他们经历了明末农民大起义和清兵入关的变乱时代，身受亡国破家之难，认识到明王朝的腐败和封建理学的虚伪空疏，以犀利的笔锋、奔放的热情，批判封建专制主义，宣扬经世务实的思想，治学严谨，勇于创新，阐发了深刻而新颖的政治观点、哲学观点，开创了与宋明理学相对立的新思潮、新学风。

◇北京广安门内大街路北顾炎武故居，即顾亭林祠，是后人于清道光二十三年（1843）在顾炎武故居的基础上，集资修建而成。曾被八国联军轰毁，后又重新修建。

理学

中国宋元明清时期以讨论理气、心性等问题为中心的哲学思潮。又称“道学”。它产生于北宋，盛行于南宋与元、明时代，清中期以后逐渐衰落，但其影响一直延续到近代。广义的理学，泛指以讨论天道性命问题为中心的整个哲学思潮，包括各种不同学派；狭义的理学，专指二程、朱熹为代表的，以“理”为最高范畴的学说，即程朱理学。理学讨论的主要问题有：本体论问题，即世界万物的本原问题；心性论问题，即人性的来源和心、性、情的关系问题；认识论问题，即认识的来源和认识方法问题。按其基本观点和影响看，主要有以下派别：张载为代表的气一元论哲学；二程、朱熹为代表的理一元论哲学；陆九渊、王守仁为代表的心一元论哲学；邵雍为代表的象数学。与理学有联系的，还有北宋时的王安石，他的学说被称为“新学”。

黄宗羲、唐甄在反对封建专制主义方面走在最前列。他们所著《明夷待访录》、《潜书》，论证了专制君权的起源和实质，揭露了历代专制帝王的昏淫残暴，并希望通过学校议政，加强法治或实行地方分权来限制君主的专制权力。这虽然是难以实现的幻想，但他们的言论，如电掣雷鸣，震撼了窒息已久的思想界。顾炎武提倡务实致用，“多学而识，行必有果”，并注重调查研究，广求证据，开辟了新的治学途径。颜元讲求“实学”，强调

“躬行践履”，主张讲求功利，匡时济民。他们的思想和实践有力地影响了后世的学风。王夫之发展了中国古代的唯物主义哲学传统，批判了“道在器先”、“道本器末”的唯心论，精辟地指出：“天下惟器而已矣。道者器之道，器者不可谓之道之器”，也就是说离开客观存在的具体事物，就无所谓规律、理念。他又指出自然界和社会是“生生不息、变化日新”的发展过程，初步用辩证的观点去观察世界，研究事物，把中国的唯物主义思想提高到了新的水平。他还解释天理和人欲的关系，说“私欲之中，天理所寓”，肯定了人们的合理欲望。方以智也是一位杰出的唯物主义思想家，在自然科学的研究方面取得了显著成绩，并和哲学有机地结合起来。清初思想家在历史学、地理学方面也作出

◇黄宗羲（1610～1695），清初思想家、文学家。字太冲，号南雷，学者称梨州先生。浙江余姚人。

了贡献。黄宗羲的《明儒学案》是中国第一部系统的学术思想史。在他的影响下，继者踵接，如万斯同、全祖望、邵晋涵及稍后的章学诚，形成了以研究历史著称的浙东学派。顾炎武作《天下郡国利病书》，论列山川形势、城邑关津、古今变易，开地理研究之先河。以后胡渭、阎若璩、顾祖禹、齐召南均曾致力于历史地理的研究。

清初思想家对现实持激烈的批判态度，他们大多数具有强烈的民族意识，同时对清朝奉为官方哲学的程朱理学，口诛笔伐，指责理学家是“奴君子”、“优孟衣冠”、“亡国之学”、“祸烈于蛇龙猛兽”。他们健笔凌云，激扬风气，尽情鞭挞封建末世的诸多弊端，提出新颖的见解，使当时的思想界十分活跃。

清前期的文化政策

清初的经济发展和社会状况尚不能使思想界得到充分发展。当清朝重建起封建政治体制，加强了对思想的控制，后继的思想家们也不得不随之转向。如阎若璩、胡渭继承了清初务实的学风，博学多识，不尚空谈，而研究方法则趋细密，只在诠释古籍、辨别真伪方面做出了突出的成绩。阎若璩考证《古文尚书》为伪书，胡渭考证《河图洛书》为晚出，廓清了封建学术界长期的迷信盲从，但在清朝的高压政策下，埋头古籍，变得谨小慎微，失去了前辈思想家那种干预现实、评议朝政、臧否人物的战斗精神。

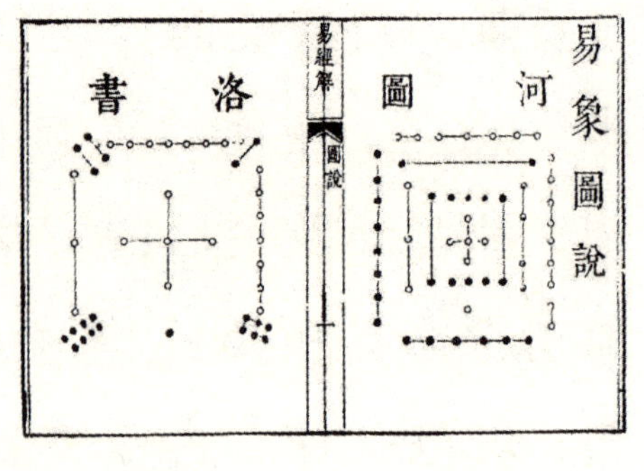

◇《河图洛书》明刻本

清朝为了巩固思想统治，笼络知识界，大力尊孔崇儒，给孔子加上“大成至圣先师”的尊号。儒家思想是理政、治学、处世、待人的标准，程朱理学又被视为孔子的真传、儒学的正统，因此朱熹备受尊重，四书及五经中的一部分均以朱熹的注释为准。清朝的统治安定以后，大规模编纂书籍，最著名的有《古今图书集成》（一万卷）和《四库全书》（七万九千余卷）。《四库全书》收集历代经、史、子、集各类书籍三千四百余种，其中有很多是从《永乐大典》中辑出的已经失传的书籍，包罗宏大，丰富浩瀚，为中国古代思想文化遗产之总汇。但在编纂过程中，清政府对全国图书作了一次大检查，大批书籍被认为对清朝统治不利，归入悖逆、违碍之列，遭到销毁或篡改。

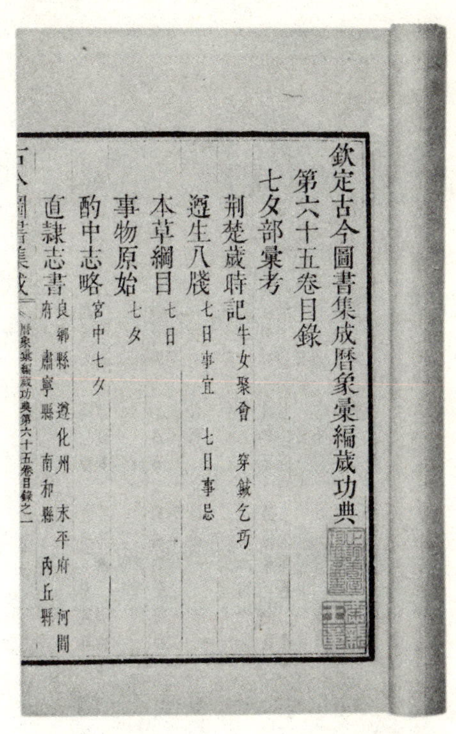
欽定古今圖書集成曆象彙編歲功典
第六十五卷目錄
七夕部彙考
荊楚歲時記 牛女聚會 穿鍼乞巧
遵生八牋 七日事宜 七日事忌
本草綱目 七日
事物原始 七夕
酌中志略 宮中七夕
直隸志書 良鄉縣 遵化州 永平府 河間府 肅寧縣 南和縣 內丘縣
古今圖書集成 曆象彙編歲功典第六十五卷目錄之一

◇《古今图书集成》清雍正六年（1728）铜活字本

《古今图书集成》

中国现存规模最大、体例最完善的一部类书。原名《古今图书汇编》。初由诚郡王（胤祉）命其门客陈梦雷纂集，于清康熙四十五年（1706）成书。雍正时，又命蒋廷锡等重新编校，删去胤祉、陈梦雷等人姓名，改为此名。全书一万卷，目录四十卷，约一亿六千万字。该书综合了清代所能见到的有关古籍中的资料，按类编排，分为历象、方舆、明伦、博物、理学、经济六编；每一编之下又分成若干典，共三十二典；典下再分部，共六千一百零九部；每部都按汇考、总论、图表、列传、艺文、选句、纪事、杂录、外编的顺序，把中国几千年的史料和有关人物，用简单的条目统贯起来。所辑录的古籍，整部、整篇或整段抄入，很少改动。引证详注出处，便于查对原书。

《四库全书》

中国历史上卷帙最大的一部丛书。修于清乾隆年间。以北京图书馆所藏原文津阁本统计，共收书三千五百零三种，七万九千三百三十七卷，三万六千三百零四册。自乾隆三十八年（1773），清廷下谕开馆修书，直至五十八年才全部完成。全书按照西汉以来历代沿用的经史子集四部分类法编纂，每大部又分若干类，类下细别为属。四部分类：经部有易、书、诗、礼、春秋、孝经、五经总义、四书、乐、小学十类；史部有正史、编年、纪事本末、别史、杂史、诏令奏议、传记、史钞、载记、时令、地理、职官、政书、目录、史评十五类；子部有儒家、兵家、法家、农家、医家、天文算法、术数、艺术、谱录、杂家、类书、小说家、释家、道家十四类；集部有楚辞、别集、总集、诗文评、词典五类。全书除收录中国历代各种典籍外，还有朝鲜、越南、日本，以及印度和明清之际来华的欧洲传教士的一些著述。全书共抄录七部，分别贮于北京内廷文渊阁、京郊圆明园文源阁、奉天故宫文溯

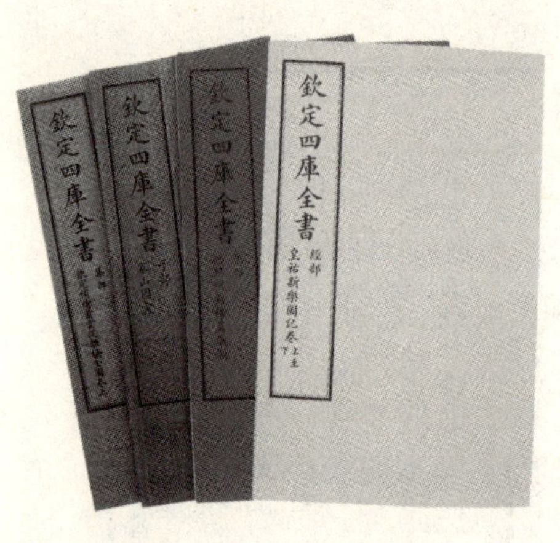

◇文渊阁藏《四库全书》

阁、承德避暑山庄文津阁，合称北四阁。又在镇江金山寺建文宗阁、扬州大观堂建文汇阁、杭州西湖行宫建文澜阁，即江浙三阁，各藏抄本一部。副本存于京师翰林院。七部全书中，文源、文宗和文汇三部藏书，连同原翰林院副本，已全部毁于战火。现存四部中，文渊阁本贮于中国台湾，余均在大陆。

◇河北承德避暑山庄中的文津阁。清代曾在这里珍藏《四库全书》、《古今图书集成》各一部。

除了传统的儒学以外，很多外国耶稣会传教士来华，带来了西方的科学文化，包括数学、天文、历法、物理、医药、地图绘制、武器制造、绘画、建筑等等，编写了一些书籍。康熙帝本人还学习过西方科学，但清廷未用力提倡，知识界沉溺在儒家经典中，不了解西方科学的内容和价值。

清朝对文化思想的控制十分严厉，发生了许多次文字狱，惩治极重，株连极广。康熙时有庄廷鑨《明史》案，雍正时有吕留良、曾静案。乾隆时，文字狱更多，获罪的人大多是下层知识分子。他们或腹有牢骚，爱发议论，或僻居乡村，不知忌讳；或乱上条陈，干禄倖进；

文字狱

明清时因文字犯禁或借文字罗织罪名清除异己而设置的刑狱。明文字狱始见于洪武七年（1374）。时苏州知府魏观将新府衙建于张士诚宫殿旧址，高启作《上梁文》中又有“龙蟠虎踞”四字，因此触犯明太祖朱元璋忌讳而被杀。明初文字狱贯穿洪武一朝，是明太祖朱元璋为推行文化专制统治所采取的极端手段，并为后世封建统治者所效法。清代文字狱，一般以康熙二年（1663）的庄廷鑨《明史》案为起始，在康、雍、乾三朝的百余年间，文字狱多达上百起，且愈演愈烈。文字狱是巩固封建专制统治的政治措施，清代前期文字狱的冤滥，遏制言论，禁锢思想，造成了“万马齐喑”的严重历史后果，极大地桎梏了学术思想的发展，助长了阿谀奉承、诬告陷害之风，是历史发展中的浊流。到乾隆末叶文字狱趋于平息。

或吟诗作文，用字不慎：都招来了杀身破家之祸。这些案件多是捕风捉影，望文生义，滥杀无辜，以确立封建专制统治的淫威。哪里发生了重大的文字狱，地方官也要受处分。因此官吏们稍见文字违碍，即捕人抄家，罗织罪状，株连宁多勿少，处理宁严勿宽。文人士子，惴惴自危，不敢议论当代的政治和社会问题，也不敢编写历史、研究现实，只得埋首故纸堆中，消磨智慧和志气，使知识界思想麻木，万马齐喑。文字狱造成了严重的恐怖气氛，对社会的影响是十分有害的。

汉学的兴起

由于清廷文化政策的严格控制，知识分子既不满于作为官方哲学的理学，又不敢评论政事、研究实际，只得把智慧和精力专注于整理、注释古籍。乾隆时，汉学兴起。这一学派以儒家经典作为主要的研究对象，考其真伪，正其讹误，辨其音读字义，校勘异同。他们做了许多踏实的基本工作，消除了古代典籍在长期流传中产生的错漏、误解和故意的篡改。在治学的态度、方法上，强调博学多闻，尊重客观事实，力戒主观武断，运用归纳法，重视证据，在一定程度上改变了宋明理学读书但观大意，随意发挥，游谈无根，注重内心修省的弊病。

◇惠栋（1697～1758），清代汉学中吴派的代表人物。字定宇，号松。江苏元和（今江苏苏州吴中区、相城区）人。以惠栋为首的吴派，其治学方法是信家法而尚古训，墨守汉人的成说，比较保守，所以成就不大。

汉学中有两大派别：①以惠栋为代表的吴派，尊信和固守汉代儒者的说经。他们认为，汉人离古不远，遗说尚存，要弄清古代圣贤的经典，必须遵循汉儒的注疏诠释。惠栋专精《周易》，对汉人的遗说搜辑研究甚勤，而较少发挥自己的见解。所以这一学派被统称为“汉学”，以与专治理学的“宋学”相区别。其他学者有沈彤、余萧客、江声、王鸣盛、钱大昕，他们都是苏州附近人，故称“吴派”。吴派的宗旨被认为“凡古必真，凡汉皆好”。其中钱大昕的学术成就较高，能稍稍摆脱墨守古训的痼疾。②以戴震为代表的皖派，治学宗旨和研究态度与吴派相似，不同的是戴震等有自己的见解和是非标准，并不专崇汉儒。戴震学问渊博，识断精审，擅长音韵训诂、典章制度、天文、地理、数学等。他还和其他汉学家不同，写了许多“义理”文章，阐述唯物主义思想，发挥人性论和理欲说，正面与“宋学”对抗。他认为，“欲”是人类与生俱来的自然要求，应该在理智的指导下，合理地得到满足，这就是“善”；反对理学家提倡的“存天理，灭人欲”。指出程朱理学把老百姓的“饥寒愁怨”、

◇戴震（1723～1777），清代汉学中皖派的代表人物。字东原。安徽休宁隆阜（今属黄山市屯溪区）人。擅长考据、训诂、音韵等，对经学、语言学、哲学等均有重要贡献。

“常情隐曲”都说成是万恶的“人欲”，因而抹煞了群众正当的生存要求，是残忍而虚伪的说教。又指出，理学家所说的“天理”，并不是真理，而不过是主观偏见，是强者欺凌和压迫群众的口实。他沉痛地喊出了“后儒以理杀人”的呼声。戴震的弟子与后辈多安徽和扬州附近人，有段玉裁、王念孙、王引之、洪榜、汪中、焦循、凌廷堪、阮元等，各在自己的专门领域中作出了贡献。乾嘉之际，汉学大盛，治经、考史、文字、声韵、天文、历算、地理、金石以及目录、校勘、辑佚、辨伪、版本等学蔚起，都取得了较高的成就。

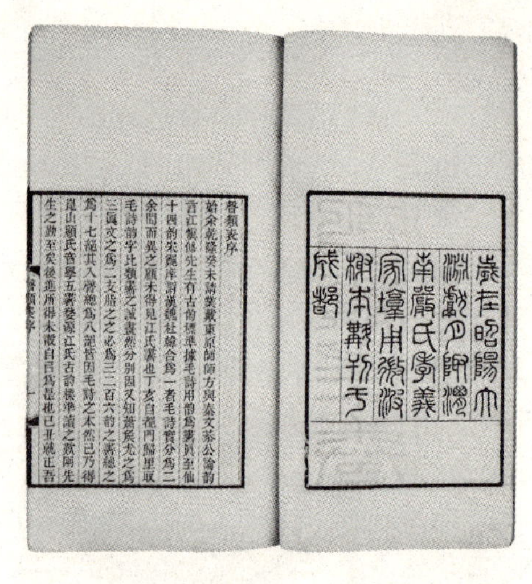

◇清戴震所撰《声类表》九卷书影

汉学家具有比较踏实的科学态度，发展了客观而精密的研究方法。但是他们的研究领域狭小，局限在儒家经典的范围内，不接触现实，不研究自然科学、生产技术，也不敢谈论政治和社会问题。研究的方法陷于孤立、静止，缺少从事物的相互联系和运动中去考察，注意微观研究，忽视宏观研究，只见树木，不见森林。因此，虽然对古代典籍爬梳考证，做出了成绩，却不能提供新鲜理论和有系统的思想体系，也不易接受、消化西方刚传来的科学技术。到了鸦片战争前夕，一个新的学派开始兴起，这就是清今文经学。其代表人物有庄存与、刘逢禄、宋翔凤，下及龚自珍、魏源。主要研究对象虽仍是儒家经典，但主张通经致用，留心实务，议论政事，强调变革，形成了区别于汉学的新学风。

◇《春秋公羊传》砖拓本。《春秋公羊传》是汉代今文经学的主要经典之一，历代今文经学家常用此书作为议论政治的工具。

清今文经学

清朝中叶兴起的一个经学流派。因汉代称当时通行的隶书为今文，称秦代焚书以前用六国所用的篆书为古文。儒家整理的经书用隶书抄录的称今文经；用篆书抄录的称古文经。以后，在经今、古文长期传播的过程中，不仅是字体不同，对经书的解释等也有差异。形成研究儒家经传的对立的两大流派。古文学派逐渐居于垄断地位，今文学派逐渐被湮没。清代复兴今文经学，利用《春秋》公羊学以阐发其政治主张，故又称公羊学派。首倡于乾隆年间的庄存与，奠基于嘉庆、道光之际的刘逢禄。戊戌变法失败后，清今文经学也随之迅速衰败下去。

清前期的文学艺术与科学技术

清代在文学艺术方面取得新的成就；并开始接触西方科学技术，但远远落后于世界上的先进国家。

文学艺术

明清之际，激烈的阶级斗争和民族斗争深刻地影响了文学艺术的发展。清初出现了一批具有较强现实主义倾向的作家，如诗人屈大均、陈恭尹、顾炎武、归庄、钱澄之、杜濬。他们的篇章具有深厚的民族感情和坚强的斗争意志，抒发亡国之痛，诗风激昂。另外一些著名诗人，如钱谦益，诗作凝练工稳，主张自写胸臆；吴伟业，风格典雅华丽，哀婉沉郁，多以明清间的史事作题材。稍后则有王士禛标举“神韵”之说，其诗清新流畅，多年雄踞诗坛。他的反对者赵执信，诗作劲拔峭刻。词人则有豪放苍劲的陈其年，婉约清丽的纳兰性德，声律工整的朱彝尊。散文家有侯方域、魏禧、汪琬等，文笔生动流畅，善于叙事记人。清初的戏曲界，有洪昇的《长生殿》和孔尚任的《桃花扇》，堪称双璧。前者写兵荒马乱中封建帝妃的爱情故事和生离死别，后者写南明的兴亡历史和名士才女的悲欢离合，都深沉地寄托了亡国的哀痛。这两部剧作在思想上和艺术上达到了很高的水平。

◇民国画家冯耘《长生殿图》(1937)

清代中期，著名诗人有沈德潜、袁枚、翁方纲等。沈德潜主张“格调说”，认为作诗应平和雅正，怨而不怒，其诗多歌颂升平之作。翁方纲主张

“肌理说”，以学问入诗。袁枚主张“性灵说”，重视个人的感受，强调性情和灵感的作用，开新鲜独创的诗风。文章则有方苞、刘大櫆、姚鼐的桐城派，倡导古文义法，

◇清人绘《聊斋志异图册》

主张文以载道，要求文章的内容有益于世道人伦，又发展了作文的技巧，讲究气势、条理、修辞、音节等等。桐城派的古文对后世影响甚大。

◇范增《吴敬梓造像》(1983)

清代文学成就最大的是小说。蒲松龄的《聊斋志异》借妖狐鬼魅，写世态人情，故事曲折，形象生动，文笔优美，寓意深远，为人民群众所喜爱。吴敬梓的《儒林外史》笔锋犀利，讽刺深刻，揭露了科举制的弊端和知识界卑劣丑恶的阴暗面，反映了封建末期的政治腐败和文化、道德的沦丧。曹雪芹的《红楼梦》是中国最优秀的古典小说，它围绕着贵族家庭中爱情悲剧的主题，展示了宽广的、丰富多彩的历史生活的画卷，塑造了形形色色、栩栩如生的人物形象，歌颂了个性解放与坚贞的爱情，有力地批判了封建的纲常伦理，预示了封建社会走向没落和必然灭亡的命运。

清代的绘画也达到了很高的成就，流派林立，名家辈出，色彩缤纷，富于创新。清初四僧，即弘仁、髡残、石涛、八大山人，笔意高远，画风苍劲，很有革新精神。画坛正宗，推“四王恽吴”，即王时敏、王鉴、王翚、王原祁、恽寿平、吴历。他们师法黄公望、董其昌，发展了传统的文人画，或工整明丽，或高旷秀逸，或深厚沉雄，各极其致。清中叶，有“扬州八怪”汪士慎、黄慎、金农、高翔、李鱓、郑燮、李方膺、罗聘，师法自然，风致高逸，随意挥洒，不拘成格，极富情趣。还有西方来中国的画家郎世宁，供奉内廷，在西洋画法的基础上吸收了中国画的特色，创作了许多描写战功、朝会和人物的画幅。

◇八大山人花鸟画

科学技术

清代，官方和学术界都不重视科学技术和生产技术，故这方面的成就不大，和同时代的西方国家相比，落后甚远。明末清初有不少外国传教士传来了西方的科学，虽有某些影响，但并未得到重视，没有传播推广。清中

◇郎世宁《哨鹿图》，描绘了乾隆帝到木兰围场打猎的情景。

叶，由于政治和意识形态的原因，外国传教士中止来华，从此，和外部世界的联系更加阻隔。清代科学技术的落后是中国贫困积弱的重要原因之一。但有清一代，在某些传统的科学技术领域中比前也有所进展。

在历法方面，清初废弃了沿用已久、误差渐大的传统的《大统历》，改用利玛窦、汤若望等编著的《时宪历》，吸取了西方的天文理论和计算方法。这是中国最早跨入近代科学的一个领域。当时的天文学家、数学家王锡阐、梅文鼎等颇能中西兼采、潜心天算，做出一定的成绩。以后西学的输入中断，乾隆时修《四库全书》，从《永乐大典》中辑出许多已经失传的古代算书，于是古算学的研究一度发展。

另一受西方影响较大的是地图测绘学。康熙、乾隆时，国家统一，版图巩固，始绘制全国和各地的地图，派人到各处实地测量。外国传教士雷孝思、杜德美和中国学者何国宗、明安图等参加了这项工作，采用西方经纬度定位和梯形投影的方法，所制地图居当时世界水平的前列。在器械方面，也引进了西方的制造技术。传教士曾为清廷造过不少大炮。康熙时，戴梓发明了连珠铳、冲天炮，颇具威力。但中叶以后，国家承平，只强调刀矛骑射，不重视火器的改进。中国不乏聪明才智之士，能制造各种精巧的器具、机械，如眼镜、望远

◇康熙帝命南怀仁督造的天文仪器——天体仪

镜、温度计、钟表、水车，但这种研究和制作，被视为奇技淫巧，得不到提倡和推广。

农业方面，清代有《授时通考》、《广群芳谱》、《补农书》等著作，详细论述了各种作物的栽种和农业生产技术。

◇清代寺观园林代表：北京碧云寺水泉院

医药学方面，有名医徐大椿、喻昌、柯琴等，对古代医学典籍的注释作出了贡献。叶天士、吴瑭等开创了温病学派，治疗各种热性病症，颇有效验。王清任、王维德在外科领域进行探索，对人体脏腑的结构、部位以及痈疽病毒有一定的研究。

建筑学方面取得了很高的成就，宫殿、园林、寺庙、宅宇、城垣的建筑，盛极一时。或雄伟庄严，或富丽典雅，彩绘藻饰，光彩照人，庭院草木，错落有致。著名匠师梁九、雷发达均有高超的设计和施工技艺。外国传教士蒋友仁、王致诚等带来了西方的建筑技术，设计了圆明园内西洋楼、大水法等建筑群。

◇英法联军焚烧后的圆明园欧式宫殿残迹——谐奇趣左翼八角亭

资产阶级改良主义思想的发生、发展

随着新经济、新阶级的出现以及国外科学、文化的传入，中国的知识界也发生急剧的变化。鸦片战争时，个别有识之士如林则徐、魏源开始睁眼看世界。魏源针对中国闭关锁国、落后于世界发展的弱点，提出“师夷长技以制夷”，主张了解外情，仿造外国的枪炮军舰。此后，知识分子中要求学习外国、进行改革的思潮日益高涨。戊戌变法以前，早期的改良主义思想家有薛福成、马建忠、王韬、容闳、郑观应、何启等人。他们有的游历外国，有的居住香港、上海，较多接触西方的制度和文化。他们不仅主张仿造或购买外国的坚船利炮，提倡开工厂、兴矿业、筑铁路、设学校、译书籍，并且主张在政治、经济制度方面作某些改革。他们提出“重商”，宣称“商”是富国强兵的关键。他们所说的“商”，包括以对外贸易为中心的整个工商业，即是要求发展本国经济，保护民族工商业，促进出口，堵塞对外贸易的巨大漏卮。他们又认为中国的落后和贫穷是由于政府和民众之间的政治关系不正常，专制君主政府和不当权的绅商以及人民大众之间矛盾尖

◇容闳（1828～1912），中国第一个留学生，近代改良主义者、教育家。字达萌，号纯甫。广东香山（今属珠海）人。容闳被称为“中国留学生之父”，1872 年夏，组织了第一批幼童赴美，开启中国留学史大幕。

锐，隔阂太深，希望在不触动封建专制制度的基础上，放松控制，重视舆论，缓和上下矛盾，让中下层的绅商分享权力。早期的资产阶级改良主义者著书立说，提出许多改革措施，向统治者进言献策，是向西方学习的先驱。但他们寄希望于封建当权派的自动改革，缺乏推行改革的力量和实际手段。

中日甲午战争后，列强瓜分中国的危机，使改良主义的思潮进一步高涨。资产阶级改良派发动了声势浩大的维新运动，其主要代表有康有为、严复、谭嗣同、梁启超等。康有为除多次上书要求变法外，并撰写《新学伪经考》、《孔子改制考》。他利用“今文经学”，议论时政，抨击受历代统治者尊崇的古文经典，反对墨守成规；又以孔子“托古改制”为变法寻找根据。他写的《大同书》(原名《人类公理》)则为未来社会描绘了美好的蓝图。严复除写作一批政论文章反对封建政治和文化，曾翻译了《天演论》、《法意》、《原富》、《群学肄言》等，系统介绍西方资产阶级

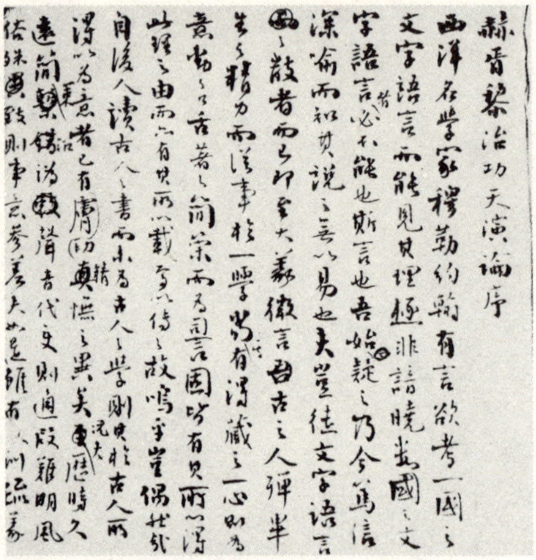

◇严复翻译的《天演论》手稿

的政治和社会学说。特别是《天演论》一书，发挥了“物竞天择，适者生存”的思想。严复在翻译过程中加进了自己的政治主张，大声疾呼如不变法图强，必将遭到弱肉强食的命运而亡国灭种，这对知识界起了振聋发聩的作用。谭嗣同是维新派中最激进者，他在《仁学》中猛烈抨击封建的纲常伦理，指出“君为臣纲”最黑暗而无人理，号召冲决纲常名教的网罗，矛头直指清朝专制主义的统治。梁启超以清新犀利的笔锋写《变法通议》，阐述变革的必然性和迫切性，号召向西方学习，并主张伸民权，设议院。这些思想家和他们的著述、译作，在社会上发生很大的影响，形成一个解放思想的启蒙运动。

近代知识分子的出现和新学的传播

工厂企业的兴办，资产阶级的形成，列强瓜分的危机，戊戌变法的推行以及西学的传播，都促成了中国近代知识分子的出现。特别在科举考试废止以后，读书应试、入仕做官的传统途径被堵塞，知识分子或进学堂攻读，或到外国留学，受西学熏陶的知识分子迅速增加。光绪三十四年（1908），全国学堂达四万七千所，各类学生一百三十万人；留学生的人数也很多，例如这一年赴日本的留学生有八千人，次年增至二万三千人。早期的

◇清同治十一年（1872）第一批三十名学童赴美时留影

近代知识分子是从封建士子转化而来，但又和旧士子不同。近代知识分子是在国家危亡的形势下产生的，他们大都关心国家的命运和民族的前途，要求独立富强，富于责任心和政治敏感性，热心变革，以天下为己任，具有强烈的爱国思想。他们又接受外国科学、文化的影响，活跃、开放、勤奋。尽管他们初步接触西学，水平不很高，但他们如饥似渴地向西方学习，坚信能够找到救国的真理。科举仕途被切断以后，近代知识分子有了更为宽广的出路：有的参加政治运动成为革命派或立宪派；

有的致力教育事业，学习科技工程、医学，办工厂、开矿山，从而成为教育家、科学家、工程师、企业家。近代知识分子是政治运动的先锋，传播新思想、新文化的桥梁。但他们又和封建的传统儒学有血缘关系，头脑中的新思想和旧思想并存。他们和劳动群众缺乏联系，实践能力差，政治上不够成熟，在形势发生急剧变化时容易悲观消极，或者跟不上时代而落后。

随着近代知识分子的增长，西方的思想迅速传播，在思想文化的各个领域形成西学和中学、新学和旧学的尖锐对立。

◇中国最早的飞机设计师和飞行家冯如和他设计制造的飞机

自然科学最早受到重视，是由于洋务运动中造船、制械、设厂、开矿的需要。江南制造局、北京同文馆、上海广学会翻译了一大批自然科学作品。数学、天文、地质、地理、医学、机械以及声、光、化、电等科技书籍的出版，蔚为风气。当时出现了最早一批科技人才，如数学家李善兰、华蘅芳，化学家徐寿，工程师詹天佑等。20世纪初的留学生中也有不少攻读科学、技术、医学的。尽管科学刚刚传入，中国的水平远远落后于外国，但毕竟冲破了封建社会传统的知识结构，注入了崭新的内容。

◇詹天佑（1861～1919），近代著名铁路工程师。字眷诚。生于广东南海。十一岁时作为首批留美官学生赴美。毕业于耶鲁大学土木工程系。1904年，清政府宣布由国家筹款修建京张铁路。詹天佑最终受命出任总工程师，他不仅又快又省地建成了这条世人瞩目的铁路，而且为以后的筑路事业培养了第一批中国工程技术人才。1909年7月4日（宣统元年五月十七），京张铁路全线铺通（10月2日正式通车）。

学术研究也发生了重大变化。宋明理学和乾嘉汉学都已走到了路的尽头，一批既有旧学根基又受西方影响的学者，如康有为、严复、梁启超、章太炎（即章炳麟）、蔡元培、王国维等脱颖而出。他们研究哲学和政治、历史、文学，开始引进西方资产阶级的理论和方法，在总结和批判传统学术，开拓新的研究途径方面作出了贡献，在他们的推动下，进化论，天赋人权思想，平等、共和学说，真、善、美观念，不胫而走，为沉闷、静止的知识界提供了新的研究课题。

◇蔡元培（1868～1940），中国近代民主革命家、教育家。字鹤卿，号孑民。浙江绍兴人。戊戌维新运动中，蔡元培同情维新派。他认为维新派失败是因为没有培养革新人才，从此走上兴办教育之路。1917 年 1 月就任北京大学校长，提出“思想自由”、“兼容并包”的办学方针，使北大面貌焕然一新。他曾站在维护新文化运动的立场上，使北大成为五四新文化运动的重要阵地。

在文学艺术方面，黄遵宪等倡“诗界革命”，反对陈腐的“同光诗体”，在诗歌的内容、题材、技巧上均有所创新。随着形势的演变，以后又出现了宣传反清的爱国革命文学团体“南社”。梁启超提倡小说，把它作为揭露黑暗、改造社会的手段。清末的谴责小说风行一时，出现了李伯元、吴趼人、刘鹗、曾朴等作家。还有林纾、曾朴等致力于翻译外国小说，许多世界名作第一次被介绍到中国。

清朝的历史地位

清朝是中国最后一个封建帝制王朝。在它统治期间，中国从封建社会逐步走向半殖民地半封建社会。最初，满族在东北兴起，人数很少，力量微弱，各部不相统属，社会发展相对落后，但却富有勇武刚强的精神。经过半个世纪的奋斗，整顿政治，建立组织，练兵聚饷，学习先进的经济和文化，在对周围地区不断进行征战中统一东北，进而长驱入关，问鼎中原，取得全国的统治权。

◇《乾隆南巡图卷》(局部)。此图描绘了清乾隆时期北京前门一带商业活动的情景。

◇清人绘《平定准噶尔图卷》(局部)。此图描绘乾隆二十年(1755)清军进军伊犁，平定达瓦齐叛乱的情景。

新兴的满族显示了锐于创业的蓬勃朝气和不断进步的革新精神。入关之初，它曾采取野蛮、落后的政策，如屠城、圈地、逃人法、迁海等。随着历史的发展，清政府逐渐改变政策，致力于恢复生产，奖励垦荒，兴修水利，赈济灾荒，改革赋役制度，减轻人民负担，使社会经济逐渐恢复。到康雍乾统治时期，中国的封建经济高度繁荣，农业生产有较大的提高，商品经济有一定的发展，某些地区和某些行业中资本主义萌芽有所增长；在政治上制定了各项典章制度，矛盾相对缓和，秩序比较稳定，国力臻于鼎盛。清朝国家机器较长时期维持正常的运转，皇权集中，统治巩固，困扰着中国历代王朝的母后、外戚、宦官、权臣、朋党、藩镇等祸患，减少到了最小程度。清朝前期总结了中国历史上统治的经验教训，决策施政，经过深思熟虑而审慎从事，威权专一，令出法随，取得了重大的治绩。

清朝最突出的贡献是统一全国，增强了多民族大家庭的团结，最后奠定了中国的版图。中国虽然自古以来是统一国家，但各时代的情况复杂，统一与割据错综交替。明王朝后期，东北、西北、西南广大地区处在中央政府有效管辖之外，有的地区和明政府长期对抗，兵戎相见；有的地区，接受中央的羁縻，但非明朝号令所能及。明王朝实际管辖的地方只有内地的十几个行省。清

◇俄罗斯贝加尔湖风光：清前期（顺治时期）这里曾是中国疆域，称之为北海。

朝取得全国统治权后，大力经营边疆，在东北阻挡住了俄国的入侵；在西北，经过长期战争摧毁了准噶尔割据势力；又安抚了内外蒙古，平定了天山南北；在西藏，对政教事务进行改革，驱逐了廓尔喀入侵；在西南，大规模地改土归流；还招降郑氏，统一了台湾。经过清朝的长期努力，原来处在分裂状态的中国重新统一，边疆敉宁，版图巩固。在帝国主义入侵中国以前，清朝完成了国家的统一，明确了边疆地区的归属，增强了全民族的凝聚力。帝国主义侵略中国一百多年，但中华民族团结一致，同舟共济，共御外侮，至今以社会主义统一国家屹立于世界，这和清朝长期致力于统一事业有着十分密切的关系。

清朝在历史上既有光辉的贡献，也有反动、落后的一面。清朝政权是满汉统治阶级的联合专政，对广大劳动人民进行残酷的剥削和无情的镇压，阶级压迫和民族压迫极为严重。在高度集权的统治下，清政府实行高压政策，滥施专制淫威。虽标榜崇文兴学，纂修典籍，优遇文士，但钳制言论，禁毁书籍，屡兴文字狱，造成知识界不敢议论政治、研究现实的沉闷局面。在对外政策方面，又自我孤立，虚骄自大，执行闭关政策，限制中国人和外国接触交往，对中国社会的发展带来非常不利的影响。

清朝前期的治绩，十分突出，达到了中国历史上的又一个高峰。但如果同当时世界上一些先进国家比较，则政治、经济、文化成就可谓处于相对停滞状态。当时，西欧正在经历政治革命和产业革命，生产力突飞猛进，英国以富厚的国力称雄于世界；美国发生独立战争，建立了新国家；法国发生1789年的大革命，扫荡了本国以至欧洲的封建制度，大批启蒙思想家宣扬自由、民主，科学技术获得迅速的进展。但中国却在天朝大国的迷梦中酣睡，不了解外部世界正在发生翻天覆地的变化。中国日益落后，和西欧的差距日益拉大，这给国家和民族带来了巨大的灾难。

到了鸦片战争时，英国的大炮轰开了中国的门户，貌似强大的清王朝露出了不堪一击的虚弱本质。从此，外国侵略者蜂拥而入，掠夺各种权利；外国的商品大量输入，侵蚀和破坏了中国的自然经济，使广大农民和小手工业者破产失业；一系列不平等条约束缚了中国人民，严重损害了中国的领土、主权和利益。中国从独立的封建社会逐步地变为半殖民地半封建社会。清朝政府曾企图振作自强，引进外国的枪炮船舰、机器铁路，学习西方的科学技术。但它只能勉强地做些枝节的改变，而顽

◇西藏拉萨布达拉宫壁画《达赖五世觐见顺治帝图》

固地拒绝根本性的变革。因此，不但不能扭转国家贫穷衰弱的局面，而且在列强进一步侵略面前，不断地败退、妥协、求降，暴露了自己的腐败无能，使国家和民族处在帝国主义瓜分宰割的危机之中。中国的先进志士们怀着爱国忧时的热忱，进行了不屈不挠的反帝反封建斗争。他们经过长期艰苦的探索，付出流血牺牲的代价，寻找着拯救国家、振兴民族的道路。他们认识到，清朝政府已沦为帝国主义的附庸，只有推翻这个腐败的卖国政府，进一步实现变革，中国才可能得救。20 世纪初，全国掀起了资产阶级民主革命的巨大浪潮，在伟大的民主革命家孙中山的领导下，清朝政府终于被推翻，建立了共和国。清朝的覆灭虽然并没有解决中国的根本矛盾，但在中国大地上结束了两千多年的封建专制帝制。这是中国民主革命的重大成果，是中国人民反帝反封建斗争的伟大胜利。